『伝記 廣池千九郎』
学習ガイドブック

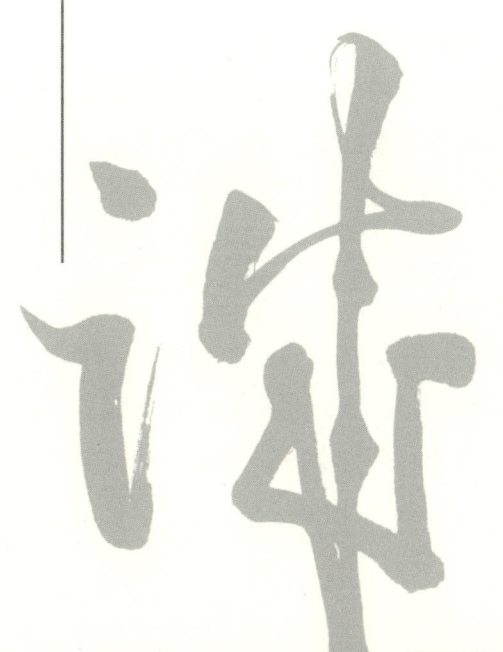

財団法人モラロジー研究所

1 学祖廣池千九郎の事跡について学ぶことの意義

モラロジー研究所は、平成13年に創立75周年を迎え、さらに次なる創立100年に向けて「第2の創業期」（廣池幹堂理事長）に入っています。このようなとき、『伝記 廣池千九郎』（以下『伝記』）を読むことは、あらためてモラロジアンとしての生き方を見直し、学祖廣池千九郎の悲願に応えようとするエネルギーを得られるものと確信します。

すなわち、廣池千九郎の人と思想の歩みについて理解を進め、その生涯から私たちが何を学び、どう生かしていくかを考えることによって、モラロジーを学ぶ個人として、またモラロジー団体としての活動を展開するうえにおいて、新たな使命感と勇気が与えられることでしょう。

法学博士廣池千九郎は、学者として優れた先見性と独創性を持ち、中国法制史研究や日本の伝統文化の研究、さらに日本と中国の古典文法学などの領域で数多くの先駆的な業績をあげました。そして学究と求道《ぐどう》の凄《すさ》まじいまでの生き方を通して、平和の専門学としての道徳科学（モラル·サイエンス、後にモラロジー）の研究を大成させ、これに基づく学校教育ならびに社会教育を開始しました。このような意味で、廣池千九郎は学者であるとともに教育者であり、また求道者であるといえます。『伝記』を通じて、このような廣池千九郎の全体的な人間像について把握《はあく》することができるでしょう。

さらに、『伝記』から廣池千九郎の道徳実践の具体的な姿を学ぶことによって、人生の指針を見いだすことができます。例えば、親に孝養を尽くすことや、お世話になった恩師や上司に対して徹底して報恩するという廣池千九郎自身の道徳実践は、私たちも積極的に見習うべきであり、心がけ一つで実践することができるのではないでしょうか。

特に、廣池千九郎はモラロジーを創建して、私たちに人間としての正しい生き方の標準について示しましたが、その標準とは、「人類の生存、発達、安心、平和、幸福を享受することのできる精神作用と行為」です。廣池千九郎は、この道徳実行の重要性をみずからの生涯で明らかにしました。したがって、『伝記』から学べることは、個人としての心づかいのあり方はもちろん、社会や国のあり方、国際問題への対処の仕方に至るまで、数多くあるといえます。

2 学習ガイドブック作成のねらい

この学習ガイドブックは、ページ数の多い『伝記』を一人で学習する際の手引きとなるように編集したものです。もちろん、自学自習の場合に限らず、グループで集まって学習する場合にも役立てていただけるものと思います。

このガイドブックは、『伝記』を学習するうえで、ぜひ踏まえていただきたい重要な点や他の部・章との内容的な関連にも注意を払うことができるように編集しました。構成は、次のようになっています。

1. 各部の概観と学習のねらい
2. 各章の学習要点
3. 注目事項（表示のページ数は、『伝記』の本文内容の該当箇所付近を示します）

また、巻末には、次の資料を付けています。

1. 廣池千九郎の居住地・滞在地の関連地図
2. 廣池千九郎の入湯した温泉分布図
3. 廣池千九郎の主な事跡通覧表
4. 廣池千九郎と交流のあった主な人々
5. 索引（事項・編著書・人名）

第1部 中津時代 6

第2部 歴史家として立つ《京都時代》 12

第3部 『古事類苑』の編纂と東洋法制史研究《前期東京時代》 16

第4部 学位の取得と求道者としての歩み《伊勢・奈良時代》 21

第5部 新科学モラロジーの樹立《奈良・後期東京時代》 27

第6部 社会教育活動の展開《後期東京時代》 32

第7部 生涯教育活動の展開《千葉時代》 37

- 中津付近の関連地図 …… 42
- 京都における関連地図 …… 43
- 東京における関連地図 …… 44
- 伊勢における関連地図 …… 45
- 畑毛温泉の関連地図 …… 45
- 大阪における関連地図 …… 46
- 谷川温泉付近の関連地図 …… 47
- 廣池千九郎の入湯した温泉分布図 …… 48
- 廣池千九郎の事跡通覧表 …… 50
- 廣池千九郎と交流のあった主な人々 …… 52
- 『伝記 廣池千九郎』索引 …… 53

第一部

中津時代

■学習のねらい

廣池千九郎がどのように生まれ育ち、少年時代を過ごしたか、そして青年教師としてどのように活躍したか、少年時代や青年教師時代の考え方や生き方について学びます。そこに見ることのできる考え方や生き方が、後年の道徳科学（モラロジー）の創建にどのようなかかわりを持っているかについて、思いめぐらすことも興味深いことでしょう。

■概　観

廣池千九郎の誕生した慶応２年（1866年）は、260年に及ぶ徳川幕藩体制の終焉《しゅうえん》を迎える明治維新の２年前のことでした。大分県中津に生まれ育った千九郎は、９歳で永添《ながそい》小学校に入学し、在学中は成績優秀でたびたび褒賞《ほうしょう》を受けています。同校卒業後（13歳）は、中津市校別科に編入学し、人一倍勉学に励んで一年余で卒業します。明治13年（1880年）、人の勧めで母校永添小学校の助教となりますが、向学の志が募《つの》って大分師範学校を受験します。しかし失敗。小川含章の麗澤館に入って勉強を続け、翌年再度受験しますが、また失敗。千九郎は二度の失敗にもくじけず、さらに難しい応請試業《おうせいしぎょう》（のちの教員検定試験のようなもの）に挑み、ついに念願を果たして初等師範科の卒業証明書を授与されました。

明治18年（1885年）３月、下毛《しもげ》郡形田《かただ》小学校訓導となった千九郎は、ペスタロッチを目標に、教育者としての使命を抱いて勤務します。当時、地方の就学率は非常に悪く、貧しいがゆえに昼間働かなくてはならない子供たちのために、子守学校や夜間学校の設立を計画します。千九郎は一軒一軒家庭訪問し、子供の両親に教育の重要性を説いて回り、その実現に奔走《ほんそう》しました。

形田小学校から万田《まだ》小学校、中津高等小学校を歴任し、その間、青年教師としていろいろな業績をあげています。教育の充実を図るために、千九郎は「大分県教員互助会」の設立主意書を作成して、広く県下の教員に訴え、現在の教員共済組合の前身である「大分県教員互助会」の設立に努力しました。また、宮永村で発生した大火には、罹災《りさい》した人々の苦難を見るにしのびず、すぐ檄文《げきぶん》を配布して救済運動に尽力しました。

青年教師として活動するかたわら、千九郎は学者としての将来につながるいくつかの書物を著しています。最も注目すべきものは、郷土史の先駆と評価される『中津歴史』です。この『中津歴史』の成功は、千九郎に歴史学者として世に立つ自信を与えました。その他の主なものに、「遠郷僻《へき》地《ち》夜間学校教育法」(稿本)、道徳教育の教科書『新編小学修身用書』、「蚕業《さんぎょう》新説製種要論」(稿本)があります。

■ 各章の学習要点

第1章　少年時代

《要点1》家庭環境

廣池千九郎は、慶応2年(1866年)3月29日、豊前国《ぶぜんのくに》下毛郡鶴居《つるい》村大字永添(現在の大分県中津市東永添南)に、信仰心の厚い父半六《はんろく》、親孝行の大切さを教えた母りえの長男として生まれ、育てられました。

- 廣池家とは　p.34
- 信仰心の深い父　p.36
- 親孝行の大切さを教えた母　p.39
- 千九郎のきょうだい　p.41

《要点2》14歳にして母校の助教となる

教育熱心な父のもと、9歳のときに永添小学校に入学し、13歳には同校を卒業します。続いて中津市校の別科に編入学し、一年余で卒業します。その後、戸長の勧めで母校永添小学校の助教となりますが、向学の志に燃える千九郎は、3年間で助教をやめ、大分師範学校の受験をめざします。

- 教育熱心な父　p.42, p.48
- 級友らのねたみ、上級生からのいじめ　p.45
- 14歳にして母校の助教となる　p.51

第2章　麗澤館での勉学

《要点1》小川含章との出会い

師範学校の受験に失敗した千九郎は、大分にあった漢学者小川含章の麗澤館に入塾して、漢文、古典などの受験勉強に打ち込みます。含章の指導によって、千九郎は漢文のみならず、日本の伝統文化を尊び、日本の将来を憂《うれ》える心を学びとります。麗澤館での勉学は、その後の千九郎の思想的基盤を培《つちか》ったものといえます。

- 小川含章の学問に対する姿勢に学ぶ　p.59
- 日本の国体の偉大なることへの気づき　p.60

《要点２》千九郎が初めて直面した苦難

大分師範学校受験の二度の失敗は、千九郎の生涯にわたる幾多の苦難の始まりでした。受験勉強中に襲われた持病（耳の痛み）に対する両親の思いの深さに感じ入ったり、当時の志を漢詩文に綴ったりしています。また、女性のことで心を乱したり、前途の不安を感じて、勉強に集中できない苦悩も味わいます。そのような中で、柞《ゆす》原《はら》八幡宮に参拝して誓いを立て、新たに応請試業（初等師範科の卒業資格試験）に挑んで見事に合格します。

- 再度受験に失敗　p.61
- 持病と両親の思い　p.62, 参考p.51
- 志と誓い　p.63, p.64, p.69

第3章　青年時代

《要点１》青年教師千九郎の情熱

千九郎が明治18年（1885年）3月、19歳で下毛郡形田小学校訓導となった当時は、学制がしかれて10年余り経《た》っていましたが、就学率は非常に悪い状態にありました。そのような状況の下で、千九郎は一軒一軒子供たちの家庭を訪問して、教育の重要性を説いて回り、貧しい子供のための子守学校や夜間学校の開設に奔走します。２年余りの勤務の後、千九郎は万田小学校に移ることになりますが、教育に情熱を傾けていた千九郎の異動は、同校の生徒や父兄を落胆させました。

- 苦難のスタート　p.76
- 子守学校開設の試みと夜間学校の開設　p.78, p.81
- 仏坂の別れ　p.83

《要点２》万田小学校、中津高等小学校への赴任

明治20年（1887年）、下毛郡内では中津を除いて一番大規模な学校である万田小学

校に赴任します。千九郎はさまざまな困難に直面しながら、教育の改革に取り組みます。また翌年、中津高等小学校に赴任しますが、同校では手工科（現在の技術家庭科）を設置したり、寄宿舎の設置に努力します。その他、当時の教育改革による簡易学校の整理や児童の調査研究も行っています。

- 教育改革への情熱　p.86
- 千九郎の勤務ぶり　p.90

第4章　『新編小学修身用書』の発行

《要点１》『新編小学修身用書』の編述

『新編小学修身用書』には、千九郎のめざす道徳教育の理想にとどまらず、教育思想の特徴が端的に示されています。理想に燃える青年教師千九郎の思想を知るうえで貴重な資料であるとともに、やがて学者として世に出る千九郎の最初のまとまった編著書として注目に値するものです。

- 内容の特色：実学尊重の思想　p.101，p.102

《要点２》千九郎の教育思想

千九郎は、明治18年（1885年）1月、杵原八幡宮で3つの誓いを立てます。また「私の財産が１万円に達したなら、孤児50人を養うつもりだ」と書き記し、東洋のペスタロッチをめざして教育に携わります。さらに千九郎は実学重視の考えを実践し、『蚕業新説製種要論』を著すなど、地域社会にも貢献しています。

- 燃える教育愛　p.105
- 杵原八幡宮での３つの誓い　p.106，参考p.70
- 一貫している実学重視　p.107，参考p.59，p.87，p.89

第5章　教員互助会の設立

《要点１》教員の意識改革に取り組む

形田小学校から万田小学校、中津高等小学校を歴任した間、千九郎は青年教師としてさまざまな教育改革上の業績をあげています。さらに、教育の充実を図るためには優秀な教員の確保が先決であり、そのためには身分や生活の安定が必要であると考えた千九郎は、主意書を作成して「大分県教員互助会」(現在の共済組合の前身)の設立に向けて努力します。教員総会でその提案は認められますが、正式に発足したのはそれから34年後のことでした。

- 教員の待遇改善への取り組み　p.112
- 教員互助会の設立　p.113

第6章　『中津歴史』の発行

《要点１》歴史への関心

明治維新以降、西洋の近代思想が急激に流入する中で、国民の歴史に対する関心は高いものがありました。千九郎もまた日本の歴史を明らかにすることによって、国論の統一を図ろうと考え、国家への貢献の道を史学に求めます。元中津藩藩校「進《しん》修《しゅう》学《がっ》館《かん》」の蔵書数千部を読破するなど、歴史研究を進めるとともに、日本歴史の出来事を七五調に記述した『小学歴史歌』を明治22年(1889年)に発行します。これは、千九郎の歴史に関する最初の著述です。

- 当時の歴史学に関する学問状況　p.119　p.120
- 千九郎の幅広い勉学の様子　p.122，参考p.125
- 千九郎の歴史への関心　p.124
- 『小学歴史歌』　p.126

《要点２》千九郎の歴史研究の特色

千九郎の歴史研究の特色は、一定の法則の探求を目的とする科学的・実証的方法に見られます。千九郎は、記録に残された歴史的事実を百年以上の単位で考えれば、人間の力ではいかんともしがたい「一定不動の法則」を見いだすことができると考えていました。

- 真正の歴史、科学的な歴史研究　p.130　p.131

《要点３》『中津歴史』の執筆

明治24年(1891年)に発行した『中津歴史』は、地方史研究の先駆的業績と評価されるものです。多くの人々(発行部数は約1000部)に読まれ、その後の中津に関する歴史研究のよりどころにされるなど、高い評価を得ました。千九郎自身も、「私の生涯の苦労も、この『中津歴史』の出版という一挙によって生じた。また、私が今日世界人類の救済に関する大事業に従事するようになったのも、この一挙によって生じた」と述懐《じゅっかい》しています。

- 苦渋の執筆　p.133
- 『中津歴史』の内容概観　p.136
- 『中津歴史』の評価　p.140
- 千九郎の出発点となった『中津歴史』の出版とその成功　p.143

第7章　社会奉仕活動と結婚生活

《要点１》社会奉仕活動

千九郎は折あるごとに社会奉仕活動を行っています。たとえば、小学校時代の恩師の碑を立てたり、養蚕に貢献した人の窮乏を救済するために義捐金《ぎえんきん》を募ったり、洪水や火災に対する救援活動に積極的に努力しています。このような千九郎の社会奉仕活動は、生涯を貫くものといえます。

- 恩人の顕彰　p.146
- 災害救援活動　p.147，参考p.303

《要点２》春子との結婚

千九郎（23歳）は春子（18歳）と明治22年（1889年）に結婚します。春子は新婚の夢に浸る間もなく、大家族の食事を用意したり、慣れない農作業を手伝うなど、当時の一般的な嫁の生活とはいえ、大変苦労しました。

- 千九郎の理想の女性像　p.150
- 春子の苦労の始まり　p.152
- 春子の実家が東京に引っ越す　p.154

■第１部の補足資料

中津付近の関連地図（本書p.42）

第二部

歴史家として立つ

京都時代

■ 学習のねらい

郷里を出て京都に移った廣池千九郎は、困窮と苦学の中で『史学普及雑誌』を発行します。『史学普及雑誌』の編集を通じて、さまざまな人々との出会いと交流がありました。そうした中で、歴史学から次第に法制史研究へと進んだ千九郎の学者としての歩みを学びます。

■ 概　観

廣池千九郎は、明治25年（1892年）8月、26歳で歴史家を志し、身重の夫人を伴って京都に出ました。やがて日清戦争が勃発《ぼっぱつ》し、日本は清国軍を破って下関条約を結んだものの露独仏三国干渉が起こるなど、日本を取り巻く国際情勢は大変緊迫していました。

千九郎は京都に移った翌月から『史学普及雑誌』を発行しますが、社会的な情勢から売れ行きは段々と悪くなり、生活は大変苦しい状況にありました。このような中で、時間を惜《お》しんで一心不乱に学問研究に励みました。『皇室野史《やし》』『史学俗説弁《ぞくせつべん》』『新説日本史談』などを著すほか、寺誌の編纂や古文書の整理に携わるなど、幅広い活躍をしました。

このころ、法律学の権威であった穂積陳重《ほづみのぶしげ》博士が、「世界には法律の五大系統があり、その中の中国の法律学に関しては未開拓なので、日本の法律学者に将来を期待したい」と説いているのを知り、千九郎は「自分こそ、その任に当たろう」と発憤《はっぷん》し、東洋法制史の研究にとりかかります。

また、千九郎は苦しい生活の中にあっても、珍しいお菓子をもらえば郷里の両親に送るなど、孝養を尽くしています。『平安通志《つうし》』の原稿料が入った時には、両親を京都へ呼んで案内しています。そして明治28年（1895年）5月、以前から師事していた井上頼圀《よりくに》の世話で、『古事類苑《こじるいえん》』の編纂事業に従事するため、東京に向かいました。

■ 各章の学習要点

第1章　『史学普及雑誌』の発行

《要点１》歴史家を志して京都に出る

廣池千九郎は、歴史の古い京都には歴史の資料や史跡も多く、実地の調査研究もできると考えて京都に向かいました。これは歴史研究の焦点を歴代天皇に置いていたため、京都の地がその研究に適していると考えてのことです。

京都に出て１か月後の明治25年（1892年）９月21日に、千九郎は早くも『史学普及雑誌』の第１号を発行しますが、こんなに早くに発行できたのは、中津にいた時にすでに第３号までの原稿の準備をしていたからです。この雑誌発行の目的は、一般の人々に史学思想を普及することにありました。

- 『史学普及雑誌』発行への覚悟　p.164
- 『史学普及雑誌』の特色　p.167

《要点２》『史学普及雑誌』の内容と意義

本誌の内容は、史論、客説、史談、雑録、詠詩、雑報などからなり、客説以外の大部分は千九郎自身による記述です。特に歴史論は千九郎の学問観そのものであり、皇室中心の精神を根幹として、合理的・実証的研究法による総合的判断のもとに組み立てられています。また寄稿者を見ると、当時の千九郎の交際範囲の広さを知ることができます。この雑誌の発行は、生活の唯一の糧《かて》であったため、売れ行きが悪くなると生活も苦しくなり、千九郎夫妻の生活も困窮を極めました。

- 力を注いだ歴史論の執筆　p.169
- 科学的視点に立った歴史論　p.171
- 雑誌の廃刊　p.177

第2章　歴史研究の成果

《要点１》科学的な皇室研究

千九郎は『史学普及雑誌』を発行する一方で、明治26年（1893年）には『皇室野史』を発行しました。当時は尊皇《そんのう》愛国精神の強い時代でしたが、史実に基づいて皇室研究をした書物が少なかったため、皇室の歴史を合理的・実証的に研究することによって皇室尊重の精神を国民に喚起《かんき》しようとしたのです。また、千九郎は『日本史学新説』などの歴史書や『京都案内記』の出版、さらに『平安通志』などの編纂にも携わりました。また、寺誌の編纂や古文書の整理を手がけるなど、精力的に活動しています。

- 『皇室野史』発行の意図　p.180
- 皇室と武家との関係　p.182
- 正倉院の拝観を許可される　p.190

《要点２》歴史研究から法制史研究へ

歴史家では、十分に日本社会に貢献できないと考えた千九郎は、法律家を志すようになります。明治26年（1893年）の夏、法律学の泰斗《たいと》である穂積陳重の論文に出会ったことによって、東洋法制史研究という新しい学問に立ち向かう決意をしました。

- 穂積陳重「法律五大族の説」との運命的な出会い　p.192
- 『倭漢比較律疏』の研究　p.193

第3章　京都での生活

《要点１》生活苦と勉学

京都での３年弱は、千九郎の生涯の中で経済的に最も苦しい時期でした。雑誌の編集から発送に至るまで、すべてを千九郎夫妻で行い、忙しいときには春子が夜中まで手伝いました。生活苦のために、京都上京区の頂妙寺《ちょうみょうじ》の一室に移り住み、風呂にも入らず水浴びですませる生活でした。これほどの困窮生活でありながら、一定の収入が得られる仕事の誘いを断ってまで、勉学と雑誌の編集に全力を投入しました。

- 困窮と春子夫人の協力　p.202
- 生活苦の中で衰えぬ勉学への情熱　p.206，参考p.212

《要点２》住吉神社での誓い

明治27年（1894年）は、清国との対立の影響で国内が不安定となり、『史学普及雑誌』の売れ行きも思うようにいかなくなり、みずから大阪の書店に販売依頼に出かけます。その目的を果たせずに帰る途中、住吉神社の境内《けいだい》で休んでいるとき、近く

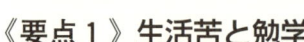

の料理屋で遊んでいる人たちのにぎやかな声に、千九郎は一瞬憤《いきどお》りを覚えます。しかし、直ちに反省して誓いを立てました。

- 住吉神社5か条の誓い　p.214

《要点3》師との出会い

京都時代に千九郎は、南画家富岡鉄斎《てっさい》と親交を持つようになり、鉄斎の蔵書の閲覧を許可されるほどの信頼を得るようになります。鉄斎とその息子である富岡謙三《けんぞう》（後に京都帝国大学教授）との交流は、生涯続きました。また、中津にいたころから交流を持っていた国学者井上頼圀に、千九郎が初めて直接に出会ったのは、明治27年（1894年）8月1日のことです。翌年、『古事類苑』編纂のために上京したのは、この井上の計らいでした。

- 富岡鉄斎との交流　p.196, p.207
- 井上頼圀との出会い　p.216, 参考p.307

《要点4》両親の京都見物

『平安通志』の編纂等の仕事で大金を手にした千九郎は、その費用で両親を京都見物に招きます。しかし、そのために家族で上京する費用がなくなり、千九郎は単身で東京に向かうことになりました。

- 春子の胸の内　p.221

■第2部の補足資料

京都における関連地図（本書p.43）

第三部

『古事類苑』の編纂と東洋法制史研究

前期東京時代

■ 学習のねらい

東京に出た廣池千九郎の学者としての活動（『古事類苑』編纂、法制史研究等）や人物交流、さらに明治37年（1904年）の大病を契機に起こった千九郎の精神生活上の変化などについて学びます。

■ 概　観

明治維新以来、近代化を推進してきた日本は、日清戦争の勝利によって朝鮮、中国への市場も開け、産業、経済は飛躍的に発展しました。一方、日清戦争後の三国干渉に対して憤慨していた日本は、北清事変で満州を占領したロシアに撤退を要求しますが、交渉が決裂し、明治37年（1904年）には日露戦争が勃発します。

明治28年（1895年）５月、廣池千九郎は『古事類苑』の編纂に従事するために上京します。以後、明治40年（1907年）10月に『古事類苑』編纂事業が終了するまでの13年間、千九郎は『古事類苑』全体の４分の１を担当するなど大きな功績を残しました。

『古事類苑』の編纂と並行して法制史研究にも傾注した千九郎は、その基礎的研究としての漢文法の研究を進め、明治35年（1902年）に『支那文典《しなぶんてん》』を発表します。同年、早稲田大学に講師として招かれ、「支那文典」および「東洋法制史」を講じました。この講義内容は、明治38年（1905年）に『東洋法制史序論』として発行され、学界から大変注目されます。また、『日本文法てにをはの研究』を著したほか、「倭漢比較律疏《わかんひかくりっそ》」「大唐六典《だいとうりくてん》」などの研究や、「歴代御伝《ぎょでん》」「改訂皇室史」の編纂計画を立案するなど、凄まじいばかりの研究ぶりが見られます。こうして千九郎は学者としての不動の地位を確立していきました。

しかし、明治36年（1903年）ころから病の前兆が出て、翌37年には一時、生死の境をさまよう状況になりました。これを契機に、千九郎に精神生活上の変化がおとずれます。

■ 各章の学習要点

第1章　『古事類苑』の編纂

《要点１》『古事類苑』編纂の意義と千九郎の仕事ぶり

『古事類苑』の編纂は、わが国固有の文化を研究・顕彰する国家的な大事業であり、その任には国学者たちがあたりました。この編纂事業への参画は、千九郎にとって専門学に対する実力を養成するまたとない機会となりましたが、同時に千九郎の実力が学者仲間に認められる機会になりました。千九郎は、『古事類苑』の原稿執筆だけでも常人の域を越える原稿を書き、それに加えて漢文法の研究や東洋法制史の研究を行っていました。それは文字どおり猛烈を極めた研究生活でした。

- 『古事類苑』刊行の目的　p.231
- 猛烈な仕事ぶり　p.236
- 超人的な読書ぶり　p.238
- 編纂事業参画の意義　p.246

《要点２》千九郎の反省と佐藤誠実への報恩

『古事類苑』編纂の過程で、原稿の粗製濫造《そせいらんぞう》を井上頼圀から厳しく戒《いまし》められた千九郎は、自分を深く反省し編修長・佐藤誠実《じょうじつ》に謝罪します。これは、千九郎にとって最初の自己反省でした。その後、千九郎は佐藤の心を心として原稿の作成を心がけ、佐藤の厚い信頼を得ました。

『古事類苑』の編纂終了式の日、佐藤は千九郎の長年にわたる労をねぎらい、秘蔵していた貴重本『故唐律疏議《ことうりっそぎ》』全十巻を贈呈します。そこには長年にわたる千九郎の至誠に対する佐藤の感謝の念が込められていました。

- 原稿執筆についての反省　p.241
- 佐藤誠実への報恩　p.244

第2章　法制史の研究

《要点１》『東洋法制史序論』と穂積陳重

『東洋法制史序論』は、千九郎が自己の専門学の研究成果として初めて公表した著作（明治38年12月発行）で、法律の語義をはじめ孔子・老子などの道徳思想を探求した書です。刊行後、専門分野の学者から高く評価されました。

千九郎に法制史研究のきっかけを与えたのは穂積陳重です。千九郎は穂積の著書や論文を読み、その人格と思想に共鳴していきました。穂積を師と仰ぐ千九郎は、常に至誠をもって奉仕しました。

- 『東洋法制史序論』の内容　p.252
- 『東洋法制史序論』の評価　p.254
- 恩師・穂積陳重　p.257

《要点２》早稲田大学講師に就任

学問的な実力を認められた千九郎は、明治35年（1902年）９月、早稲田大学に講師として招かれ、「支那文典」および「東洋法制史」を講じました。学歴をまったく持たない在野《ざいや》の一学徒を大学の講師に抜擢《ばってき》したのは、早稲田大学の創立者大隈重信《おおくましげのぶ》と首脳高田早苗《さなえ》の英断でした。そして明治43年に辞職するまでの８年間、千九郎は早稲田大学を通じて学問上の成果を発表します。「東洋法制史」という言葉は、千九郎が日本で初めて学術語として使用したものであり、早稲田大学での東洋法制史の講座も日本で最初でした。

- 大隈重信、高田早苗との出会い　p.260, p.261

《要点３》『倭漢比較律疏』と『大唐六典』

千九郎は、『東洋法制史序論』より以前に、『倭漢比較律疏』と『大唐六典』（ともに稿本）の研究を手がけていました。日本古代と唐代の律令《りつりょう》を比較研究することは、東洋法制史の研究にとって最も重要なことでした。その研究成果が『倭漢比較律疏』です。また『大唐六典』は、唐の政治制度を研究するための基本文献で、これに句《く》読訓点《とうくんてん》をつけて、すべて解読できるようにしたものです。

- 『倭漢比較律疏』と『大唐六典』　p.264

第３章　漢文法研究と多彩な活動

《要点１》『支那文典』

千九郎が東洋法制史の基礎研究として最初にまとめた著作が『支那文典』です。本書は、出版後、読売・朝日・毎日などの新聞や、『新潮』『国学院雑誌』などの各種の雑誌に書評が載るほどの絶賛を博しました。また、日本の研究者ばかりでなく、日本在住の中国人留学生や中国本土でも読まれ、その後20年間に７回版《はん》を重ねました。

- 『支那文典』執筆のきっかけ　p.273
- 『支那文典』の評価　p.276

《要点２》皇室研究と仏教研究

明治30年ごろ、千九郎は井上頼圀のすすめで、日本皇室が万世一系《ばんせいいっけい》である理由について研究を始めました。この研究は、天皇親政に復帰した明治政府にとってきわめて重要な研究でしたが、適当な学者が見当たりませんでした。井上頼圀は、多くの弟子の中から若年の千九郎にこの研究を依頼したのです。また明治29年ごろ、千九郎は明治の傑僧《けっそう》と言われた雲照律師《うんしょうりっし》の思想に共鳴して律師を訪ね、その教えを受けています。

- 皇室研究のきっかけ　p.280
- 雲照律師との出会い　p.283

《要点３》校訂と編纂活動

千九郎は、『群書類従《ぐんしょるいじゅう》』『国史大系《こくしたいけい》』などの校訂《こうてい》をはじめ、『高等女学読本』を編纂しました。後者には、千九郎の女子教育に対する強い関心がうかがわれます。

- 女子教育への関心　p.286

第４章　家庭生活と大病

《要点１》家庭生活と親孝行

この時期は経済的にゆとりができ、一家でお花見に行くなど、家庭生活も楽になりました。しかし、千九郎の学究生活は凄まじく、生活は質素倹約に徹して、収入の大半は書籍の購入にあてられました。こうした中、明治35年（1902年）7月、千九郎は郷里から両親を招いて東京見物をしています。

- 質素な暮らし　p.292
- 度重なる転居　p.295
- 向島へお花見　p.297
- 両親を招いて東京見物　p.299

《要点２》社会奉仕活動

千九郎は、青年時代から数多くの社会奉仕活動に取り組んできました。東京在住の時期にも、慈善のための寄付活動を行ったり、困窮者に対して心を砕《くだ》いています。

- 困窮者への思いやり　p.303, p.305

《要点３》明治37年の大病と宗教への目覚め

千九郎は、明治36年10月ごろから大病の前兆が出て、翌37年になると一時は死をも覚悟するような状況に至りました。千九郎はこの大病を契機に、宗教を修めることを決意しました。それまで宗教や信仰に対して知的な関心を持ってきた千九郎は、みずからの魂の問題として宗教研究に本格的に取り組んだのです。

- 生死をさ迷う大病　p.310
- 宗教への目覚め　p.316

■ 第３部の補足資料

東京における関連地図（本書p.44）

第四部

学位の取得と求道者としての歩み

伊勢・奈良時代

■学習のねらい

法学博士の学位を得た廣池千九郎は、他方では「誠《まこと》の体験」「大正元年の大患《たいかん》」「大正４年の困厄《こんやく》」という体験を通して自己研鑽《けんさん》を深め、ついに最高道徳的自己反省の境地に至ります。千九郎の人生上で最も大きな転機になったこの間の出来事について学びます。

■概　観

日露戦争に勝利した日本は日韓協約を結び、明治43年（1910年）には韓国を併合しました。また、日本の国際的地位が高まり、明治44年には関税自主権を確立して、国家的課題であった不平等条約の改正を成し遂げました。他方、戦争によって疲弊《ひへい》した国力と民力の回復のため、戊申詔書《ぼしんしょうしょ》（明治41年）が発布されて地方改良運動が推進されたほか、明治45年には政府が国民道徳の振興と社会風教の改善に協力することを宗教家に呼びかけました。千九郎もこの国策に参画し、地方講演に出向くことになります。

明治40年（1907年）、千九郎は伊勢の神宮皇学館《じんぐうこうがっかん》教授となり、「古代法制」や「東洋家族制度」「神道史」などを講じました。さらに翌年３月には、東洋法制史研究の調査を目的として中国を旅行し、帰国後はもっぱら学位論文の執筆に精魂を傾けました。その中、明治41年12月には『伊勢神宮』を出版しています。そして明治43年（1910年）、「支那古代親族法の研究」と題する論文を完成して、東京帝国大学に提出し、大正元年（1912年）12月、法学博士の学位を授与されました。この学位論文をまとめた『東洋法制史本論』を大正４年（1915年）に出版します。

一方、以前から宗教研究に興味を持っていた千九郎は、伊勢に赴任後、教派神道13派の研究を進め、その過程で天理教に心を寄せるようになります。専門学の研究と信仰との両道を歩むうち、積年の苦労が災《わざわ》いして、ついに大正元年（1912年）大患に倒れます。この時、病床において悟るところがあり、これが千九郎の一つの大きな転機となりました。

法学博士の学位を得た千九郎でしたが、大正２年（1913年）１月、恩師や友人の勧誘をいっさい断って天理教本部に入ります。天理教教育顧問、天理中学校長という要職につき、教団の発展、生徒の教育のために尽力し、また幾多の改革を手がけて多大の成果をおさめました。しかし一方には、千九郎の活躍をねたむ勢力もあり、大正４年（1915年）１月の天理教管長に対する追悼講演が原因で、ついに同年４月、天理教本部から身を引かざるを得なくなりました。この時の困厄（苦しみ）は言語に絶するものがありました。

■ 各章の学習要点

第1章　神宮皇学館

《要点１》神宮皇学館に赴任

『古事類苑』編纂の仕事が終わりに近づいた明治40年（1907年）、廣池千九郎は要請に応じて伊勢の神宮皇学館教授として単身赴任することになり、「古代法制」や「東洋家族制度」「神道史」などを講じました。

- 伊勢行きの理由　p.328，参考p.349
- 皇学館に対する希望　p.329，p.331
- 学生に人気があった千九郎　p.332

《要点２》神宮皇学館での不平不満

千九郎は、理想的な国体を維持するには精神教育が必要だと考え、神宮皇学館は自分の抱負を実現する場と期待して着任しました。しかし、現実は厳しく、さまざまな問題に直面し、辞任を考えるなど苦悩します。

- 理想と現実　p.334
- さまざまな私塾設立計画　p.335

第2章　中国調査旅行

《要点１》困難を克服して旅行を決意

学位論文の提出を決意した千九郎は、東洋法制史研究を進めるうえから実地に確認するために、明治41年（1908年）３月～４月の約40日間、韓国を経て中国を旅行します。長く滞在した北京では、連日のように歓迎を受けました。

- 出発までの困難：借金と次男千巻《ちまき》の病状悪化　p.338
- 旅行の目的　p.339

《要点２》孔子廟の訪問

中国旅行の大きな成果の一つは、孔子廟《びょう》を見学し、孔子や顔回の子孫が永続し、人々の崇敬《すうけい》を受けている事実を確認したことです。これによって千九郎は、年来の研究課題の一つである日本皇室の万世一系の原因を結論づける強力な傍証《ぼうしょう》を得ることができました。これはのちに「モラロジーにおける最高道徳の発見の端緒《たんしょ》である」と記しています。

- 孔子廟訪問の感慨　p.344

第3章　博士号の取得

《要点１》学位の取得と『東洋法制史本論』の出版

帰国後は教鞭を執《と》りながら、学位論文の執筆を継続し、明治43年（1910年）に「支那古代親族法の研究」と題する論文を完成します。他の副論文とともに東京帝国大学に提出し、大正元年（1912年）12月、法学博士の学位を授与されました。学閥《がくばつ》を持たずに法学博士の学位を取得したということで、世間の注目の的になりました。

- 国民を驚かせた学位取得　p.351，参考p.350
- 天理教本部入りに対する千九郎夫妻の心境　p.352

第4章　神道の研究

《要点１》『伊勢神宮』の発行

学位論文を提出する以前の明治41年（1908年）、千九郎は国体の特質を明らかにし、国民の道徳的精神の高揚を目的として『伊勢神宮』を自費出版しました。伝統的な日本の道徳的精神を「清潔《せいけつ》の徳」に見いだした本書は、発行後わずか半年余りで3000余冊が出版されるほど、高い評価を得ました。また、本書において日本皇室の万世一系の原因について論述しています。

- 清潔の徳　p.362

《要点２》神道史の研究

千九郎は、神道史の講義を担当しますが、その講義担当のうえから教派神道13派について文献研究と実地調査を進めました。その結果、教派神道13派の教理内容がいずれも基本的に一致していることを発見します。また、神についても確信を持つことができました。そして千九郎は、天理教に真の信仰を求めて入信しました。

- 神の概念、神への信仰　p.366

第５章　宗教への傾倒

《要点１》天理教入信と矢納幸吉との出会い

千九郎は、明治42年（1909年）10月、病状の悪化を契機に天理教に入信しました。それは自己の力を頼みとして生きてきた千九郎にとって一大覚醒《かくせい》をもたらすものでした。下宿で世話を受けていた女性を通じて、天理教勢山《せいざん》支教会の矢納幸吉《やのうこうきち》会長に出会い、多大な精神的感化を受けました。

- 精神の一大覚醒　p.373
- 矢納会長から受けた感化　p.375

《要点２》二見今一色での誠の体験

精神の修練に励む千九郎は、いかにすれば誠の心を体得できるかに強い関心を持っていました。矢納会長から３年半も寝たきりの女性を治すように求められた千九郎は、自分自身が病身であり、学位論文執筆の多忙を極めていたにもかかわらず、４、５日おきにその女性を訪ねて救済に努め、その女性の病気回復に成功しました。

- 誠の体験　p.376，参考p.496（第一五十鈴河畔の教訓）
- 伝統の大恩を感得　p.379
- 船頭との問答　p.380

《要点３》天理教本部での活躍

学位取得後の大正２年（1913年）１月、千九郎は天理教の本部に入り、教育顧問ならびに天理中学校長に就任しました。中山真之亮《しんのすけ》管長との厚い信頼関係のもとに教理研究や生徒の教育に尽力しました。

- 三教会同と中山管長との出会い　p.383

- 教育の要：慈悲寛大の精神　p.389

第6章　精神の大転換

《要点１》大正元年の大患

大正元年（1912年）秋から千九郎の病状が悪化し、12月に入ってついに絶体絶命となります。自身の肉体的・精神的苦悶と、次男千巻の心臓病悪化が重なる中で、学位授与の報に接した千九郎でしたが、世界の人心救済に向かうとの悲壮な決意をして20年の延命を祈願します。この大患は、千九郎の精神の大転換となりました。

- 20年の延命祈願　p.396
- 自己反省の深まり　p.398

《要点２》大正４年の困厄

大正３年（1914年）12月に中山真之亮管長が病没し、翌年１月に追悼講演をした千九郎は、『明治教典』を批判したとの理由から天理教本部を辞職せざるを得なくなりました。諸聖人の事跡に鑑《かんが》みて、黙《もく》して退くことにしたこの時の反省を、のちに生涯最大の最高道徳的自己反省と振り返っています。

- 黙して退く　p.404

《要点３》慈悲寛大自己反省の精神の体得

大正４年の困厄において、慈悲寛大自己反省の精神を体得した千九郎は、この年から最高道徳という言葉を使い始め、年来の計画であったモラル・サイエンスの研究に向かいます。

- 国体の淵源は天照大神の慈悲寛大自己反省　p.411，参考p.414

第7章　夫婦の試練

《要点１》埋まらない夫婦の溝

千九郎が神宮皇学館に単身赴任したとき、留守を守る春子夫人は、収入の減少、次男千巻の看病、そして同居していた春子の実母の急逝が重なって大変な苦労をします。何よりも自分の反対を押して夫が信仰に入り、天理教の本部入りしたことは耐え難い苦悩でした。

- 春子夫人の苦悩　p.425, p.428
- 恩師たちの死　p.434

■ 第4部の補足資料

伊勢における関連地図（本書p.45）

第五部

新科学モラロジーの樹立

奈良・後期東京時代

■ 学習のねらい

大正４年（1915年）の困厄によって慈悲寛大自己反省の精神を体得した廣池千九郎は、道徳こそ人間生活の根本であることに気づきます。病身を押して積極的に全国を講演し、労働問題の道徳的解決のために取り組みました。また、新科学モラロジーの樹立をめざし、『道徳科学の論文』執筆に苦労する過程や、絶えずみずからを反省しながら人間としていっそう飛躍していく姿を学びます。

■ 概　観

大正期は、大正３年（1914年）に第一次世界大戦が始まり、国内的には大正７年（1918年）に米騒動《こめそうどう》が起こるなど、国の内外が混乱を極めていました。そのような社会状況の中で、廣池千九郎は全国的に講演活動を行い、国民一人ひとりが道徳に基づいた正しい価値観を持ち、それを社会生活の中で実践することこそ、国家が安定し、人々が幸福になる唯一の道であることを説きます。そして、その道徳実行の効果を科学的に明らかにし、広く人心の開発救済を行う必要性を感じた千九郎は、「モラル・サイエンス」（のちに「モラロジー」）の完成に向けて具体的な準備を整えていきます。

この時期は、モラロジーの形成を考えるうえで最も重視すべき期間であり、また千九郎にとっては困難な国情を憂慮し、日本皇室の安泰《あんたい》と日本国民の将来を最も真剣に考えた日々でした。千九郎は、大正４年（1915年）４月、天理教本部の要職から身を引いて「モラル・サイエンス」の完成に専心努力を続け、ついに大正15年（1926年）８月、これまでの研究を集大成した論文を脱稿《だっこう》し、昭和３年（1928年）には3,400ページにのぼる大著『道徳科学の論文』の初版を発行、新科学モラロジーを樹立するに至ります。

■ 各章の学習要点

第1章　活発な講演活動

《要点１》労働問題の道徳的解決

大正３年（1914年）に第一次世界大戦が勃発し、続いて大正６年（1917年）には、ロシア革命が起こります。国内的には大正７年（1918年）の米騒動や大正９年（1920年）に日本最初のメーデーが行われるなど、労資の対立が激しくなり、社会不安が深刻化していきます。こうした中で、千九郎は明治40年代から労働問題が今後の日本の大きな課題の一つであると痛感し、その道徳的解決をめざして研究を進める一方、全国的に講演活動を展開します。また、「帰一《きいつ》協会」や「斯道《しどう》会」などでも、個人の幸福と国家社会の平和実現に関する講演を行っています。

- 労資の思想善導　p.446
- 経営者への警鐘　p.448
- 東奔西走の講演活動　p.453

第2章　世界平和への道標

《要点１》千九郎の平和論

第一次世界大戦後、日米の対立が深刻化し、大正10年（1921年）のワシントン軍縮会議以後、日本は国際的に孤立していきます。

このような情勢にあって、千九郎の念頭には、個人の幸福と世界平和の確立という２つの課題が不可分に結びついていました。そこで、大正５年（1916年）に『日本憲法淵源論』を出版し、「人類の目的は、個人の幸福と社会集団の文化を全うすることにあり」「人類の幸福文化の原動力は個人の力にあり」と述べ、人間の意志が社会の平和を生み、社会の平和が個人の幸福を生み出すことを力説して、政官界の要人に対しても積極的に働きかけていきました。

- 『日本憲法淵源論』　p.465
- 千九郎の平和論　p.468
- 政官界要人への働きかけ　p.472

第3章　『道徳科学（モラロジー）の論文』の執筆

《要点１》『論文』執筆の経過

千九郎は、大正元年（1912年）の大患以来、人類の幸福と平和実現をめざして悲壮《ひそう》なまでの使命感を持って研究に取り組みます。大正４年以降、「モラル・サイエンス」の研究は、徐々にその構想が形づくられていき、必要な内外の文献を収集して書籍も購入しました。そして病に苦しみながらも大正12年（1923年）８月14日、静岡県畑毛温泉に移り、『道徳科学の論文』執筆に専念しました。

- 『道徳科学の論文』の執筆　p.477
- 続く闘病生活　p.480
- 畑毛温泉　p.482

《要点２》入魂の執筆

千九郎は、畑毛温泉の高橋旅館「琴景舎《きんけいしゃ》」において、「人の心に誠一字が分かってくれたら」「今一段聖者とならずば、モラル・サイエンスに生命なきこと」と、一字一句に自己の全人格と人類愛の精神を傾注して執筆に取り組みます。そして、大正15年（1926年）８月17日、世界の人類救済を悲願とする『道徳科学の論文』を脱稿するに至りました。

- 入魂の執筆　p.485
- モラロジー形成における功労者　p.489

《要点３》第一五十鈴河畔の教訓と『道徳科学の論文』の出版

昭和３年（1928年）11月３日、千九郎は『道徳科学の論文』の完成報告と感謝報恩のため、家族や門人など19名を伴って伊勢神宮に参拝し、モラロジー教育の原点ともいうべき「第一五十鈴《いすず》河畔《かはん》の教訓」を提示します。同年12月25日、待望の『論文』が305部刊行され、主な人々に献本し、翌年３月には両陛下にも献上しました。

- 『道徳科学の論文』の出版　p.493
- 第一五十鈴河畔の教訓　p.495

第4章　モラロジーとは何か

《要点１》『道徳科学の論文』の特色

普通道徳と最高道徳を比較研究し、その実行の効果を証明しようとする新科学モラロジー、その最初の試みとしての『道徳科学の論文』は、第１に科学性・普遍性、第２に実践性、そして第３には千九郎自身の実行の書であるという３つの特色を持っていました。この『論文』は、高名な学者から高い評価を受けました。

- モラロジーのめざすもの　p.500
- 『道徳科学の論文』の評価　p.507

《要点２》『道徳科学の論文』の翻訳、海外普及計画

千九郎は『道徳科学の論文』の刊行後、まず海外に普及しようと考え、その英訳を進め、完成後には海外渡航を実行するよう計画しました。しかし、英訳は完成せず、また海外渡航も実現しませんでした。

- 頓挫した翻訳作業　p.512
- 海外渡航計画　p.514

《要点３》モラロジー研究所の設立計画

千九郎は、モラロジーの学問的研究を継続するために、大正11年ころからモラロジー研究所を設立する構想を固めていました。『道徳科学の論文』の原稿が完成した日である大正15年（1926年）８月17日を、のちに（昭和６年）モラロジー研究所の創立日と定めます。

- 研究所設立構想　p.516

第5章　家庭生活

《要点１》家族の変遷

この時期、千九郎の家庭生活にはいろいろなことが起こります。大正６年（1917年）３月には次男千巻の死亡、大正８年（1919年）３月には長女とよの結婚、同年８月には父半六の逝去、大正10年11月には長男千英《ちぶさ》の結婚、大正11年８月には孫千太《せんた》郎《ろう》の誕生と続きました。そして、大正15年（1926年）４月には恩師穂積陳重が他界し

ました。なお、大正12年（1923年）9月には関東大震災が起きました。

- 家族の変遷　p.520
- 恩師穂積陳重の死　p.524

■ 第5部の補足資料

烟毛温泉の関連地図（本書p.45）

第六部

社会教育活動の展開

後期東京時代

■ 学習のねらい

『道徳科学の論文』を完成させた廣池千九郎は、それをもとに活発な社会教育活動を展開していきます。この間の苦労と努力の足跡を学びます。

■ 概　観

廣池千九郎は、昭和３年（1928年）、『道徳科学の論文』の初版を発行した後、翌４年（1929年）には『孝道の科学的研究』を発行します。さらに昭和５年（1930年）には、『新科学モラロジー及び最高道徳の特質』のレコードを吹き込みます。その他、モラロジー教育活動を推進するうえで欠かすことのできないテキスト類を次々と出版しました。

昭和２年（1927年）１月、千九郎は「プロ・デューティ・ソサイティ」を設立し、各地での開発活動を展開します。昭和６年（1931年）には、大規模な社会教育をスタートさせ、まず同年９月に大阪毎日新聞社主催の大講演会を開催します。この講演会は、大阪財界人に深い感銘を与えました。その後、大阪、東京と相次いでモラロジー講習会が開催されていきました。この間、千九郎は病気の悪化に苦しみ、同年５月には新潟県の栃《とち》尾《お》又《また》温泉で辞世の句を詠《よ》むに至ります。

昭和初期は、世界が大戦へと突入した波乱の時代でした。日本も泥沼の戦争に一歩ずつ踏み込んでいきます。昭和６年９月には満州事変、翌7年1月には上海事変が勃発します。そして同年３月、日本は満州国の建国を宣言しますが、これが国際連盟によって不当占領とされたことから、翌８年（1933年）には同連盟を脱退し、日本は国際的に孤立していきます。一方、昭和４年（1929年）の世界大恐慌と重なって、日本国内の経済は極度の不景気に見舞われます。このような社会情勢の中、千九郎は、国家の指導者に対して戦争を回避し、平和と安全を確保するようにと書簡を送り続けました。

この時代は、千九郎の生涯の中で最も大胆かつ周到に活動を展開した時期だけに多くの資料が残っており、その一つ一つに千九郎の苦闘の跡を見ることができます。

■ 各章の学習要点

第1章　モラロジー活動の組織化と展開

《要点１》プロ・デューティー・ソサイティの設立と講演会の開催

昭和２年（1927年）１月29日、廣池千九郎は東京の下渋谷に「プロ・デューティ・ソサイティ」（義務先行報恩協会）を設立しました。以後、日本各地で自主的に報恩協会が設立されていきます。このような活動を通して、日本社会の上層部の人々に向けたモラロジーの普及を図るとともに、広く一般社会の人々を対象とした講習会が全国各地で開催されていきました。

- プロ・デューティ・ソサイティの設立　p.532,　参考p.562
- 講演会の開催　p.534
- 地方への普及・思想善導　p.536

《要点２》テキストの発行とレコードの吹き込み

千九郎は『道徳科学の論文』刊行後、昭和４年（1929年）には『孝道の科学的研究』を出版し、さらに昭和５年には「新科学モラロジー及び最高道徳の特質」と題するレコード（91枚、182面）を吹き込みました。その原稿に加筆訂正して『新科学モラロジー及び最高道徳の特質』を出版しました。

- 『孝道の科学的研究』　p.538
- 「新科学モラロジー及び最高道徳の特質」のレコード　p.539
- 『新科学モラロジー及び最高道徳の特質』の発行　p.542

《要点３》栃尾又の大患

昭和５年（1930年）から同６年にかけて、千九郎は大病に苦しみながら、その間も講演活動を怠ることなく、人心開発救済に精力的に取り組んでいきます。昭和６年５月、新潟県の栃尾又温泉で「辞世の句」を詠むほどの大患に襲われました。この大患によって、千九郎はモラロジーに基づく人心開発救済活動の方向転換を決意し、国内開発および中小企業経営者の開発を進めるとともに、ソサイティの会員を深く救済する方向に進んでいきます。

- 昭和５年、６年の病状　p.543
- 決死の心境　p.546

- 辞世の句　p.550
- 活動の方向転換　p.551

《要点４》モラロジー教育活動の展開

千九郎の栃尾又における大患は、モラロジーによる教育活動の重大な境目となりました。モラロジー研究所を発足させて国内開発を進めるには、幹部の実力向上が必要と考え、霧積《きりづみ》温泉において幹部講習会を開催しました。そして、不況にあえぐ経済界に対して、確固たる針路を示したいという思いで、大阪毎日新聞社での大講演会を開催しました。それを足がかりとして大阪で第１回道徳科学講習会を開催し、続いて東京で開催しました。その後、全国各地で講習会を開催するとともに、大阪と東京に最高道徳の霊場としての講堂を建設して、モラロジー活動の拠点としました。

- 霧積温泉での幹部講習会の開催　p.551
- モラロジー研究所の設立　p.554
- 大阪毎日新聞社主催の講演会　p.556
- 新渡戸稲造のあいさつ　p.559
- 大阪第１回講習会の開催　p.563
- 東京講堂の開設と第１回講習会　p.566
- 各地に広がる講習会　p.568
- 第二五十鈴河畔の教訓　p.571

第２章　第２次世界大戦の足音

《要点１》千九郎の平和思想

昭和初期は、世界が大戦へと向かっていった波乱の時代でした。経済恐慌に苦しみ、日中・日米関係が悪化していく時代情勢にあって、千九郎は『道徳科学の論文』の中で、偏狭《へんきょう》な忠君愛国思想では国際紛争を引き起こしかねないと強い憂慮《ゆうりょ》を記しています。また、外交政策についても明確に歩むべき道を示しています。

- 指導層に対する外交政策の提言　p.578

《要点２》要人への提言

千九郎は日本国家の行く末を案じ、若槻《わかつき》礼次郎前首相や鈴木貫太郎侍従長に対してたびたび提言を行います。昭和７年（1932年）に起こった5.15事件後は、斎藤実《まこと》首相へ建議書を提出して、最高道徳に基づく政治を提言しました。また昭和８年には、首相、蔵相、文相、宮内相、侍従長、陸相、大将などに面会したり書簡を出したりして、国家の危機とそれからの脱出法を提言し続けました。

- 鈴木貫太郎侍従長への提言　p.581
- 斎藤実首相への建議　p.584

第3章　千九郎と温泉

《要点１》千九郎の健康状態と温泉の効果

千九郎は大正元年（1912年）の大患以来、強度の神経衰弱に陥り、時々発熱を伴う大量の発汗に苦しみます。あらゆる治療を試みますが、千九郎には温泉治療が一番効果がありました。大正12年（1923年）からの伊豆畑毛温泉を皮切りに、千九郎が訪れた温泉は日本全国90か所ほどにのぼります。各地の温泉を移動しながら原稿を執筆するなど活躍していますが、この間に数々のエピソードが残されています。

- 健康状態と温泉　p.590
- 全国の温泉に転地療養　p.591
- 滞在地での千九郎の様子：数々のエピソード　p.593

《要点２》日常生活での開発と救済

千九郎は、温泉地を転々として研究と執筆活動に精魂を傾けるとともに、絶えず人心の開発救済に心を配りました。多くの門人が、千九郎の療養先の温泉を訪ねて、指導や助言を受け、深い感銘を受けました。そればかりでなく、滞在地の湯治《とうじ》客をはじめ、千九郎に接するすべての人が、千九郎にとっては開発対象でした。

- 旅館の主人や従業員を指導　p.598
- 火事と原稿の持ち出し　p.599
- 原稿執筆の様子　p.601

《要点３》具体的指導と人柄

千九郎の門人に対する指導は多岐にわたっています。例えば、料理に関する注意や指導、特に来客の食事接待に関する心配りなどは大変具体的です。側近者や青年に対しても心のこもった対応をして感激させるほか、経営指導についても具体的に分かりやすく指導しています。

- 料理に関すること　p.605
- 側近者が伝えるエピソード　p.607
- 青年に対する心配り　p.609
- 経営指導　p.611
- 千九郎の人柄　p.614, 参考p.602（春子への贈り物）

■ 第6部の補足資料

大阪における関連地図（本書p.46）

廣池千九郎の入湯した温泉分布図（本書p.48）

第七部

生涯教育活動の展開

千葉時代

■ 学習のねらい

昭和10年（1935年）の道徳科学専攻塾の開設から、昭和13年の逝去までの４年間における廣池千九郎の人心開発と世界平和への悲願を学び、私たちが門人として千九郎の真精神を継承し、実践していくことの大切さを学びます。

■ 概　観

モラロジー講習会が開催されるようになった昭和７年（1932年）、廣池千九郎は長年の念願であったモラロジー教育の本拠地となる道徳科学専攻塾の建設に向けて着手しました。昭和８年、千葉県柏の地に約10万坪の土地を購入、翌年にはみずからが指示して建物の建築を行い、昭和10年（1935年）４月には入塾式、開塾式を挙行しました。

また千九郎は、聖人正統の教えであるモラロジーを学び最高道徳を実行し、国家社会に貢献しようとしても、体が弱くてはその用を果たすことができないとの配慮から、昭和12年（1937年）、群馬県水上の谷川温泉を買い求め、講堂を開設しました。

専攻塾が開設されたころは、国の内外とも非常に逼《ひっ》迫《ぱく》した情勢でした。ドイツではヒトラーが独裁体制を樹立して国際連盟を脱退。中国では盧溝橋《ろこうきょう》事件が起こり、その戦火は中国全土に広がっていきました。日本では、「国家総動員法」「国民徴用令」が制定され、臨戦体制を整えていきました。

このような情勢を憂慮した千九郎は、国家の指導者に対して最高道徳の理解と国民の思想善導による難局の打開について積極的に提言しました。また、賀陽宮恒憲《かやのみやつねのり》王殿下に直接ご進講を行い、国家の秩序、平和を維持しようと懸命に努力しました。賀陽宮殿下へのご進講は、病身を押して10回にわたって行われました。

衰弱した身体で最後のご進講を終えた千九郎は、昭和13年（1938年）４月15日、かねて療養のために過ごすことの多かった谷川講堂に向かい、翌16日夜半、筆を取って辞世の句をしたためました。そしてついに同年６月４日、燃えるような情熱と至誠で貫かれた72年の生涯を大穴の寓居《ぐうきょ》で閉じました。

■ 各章の学習要点

第1章　道徳科学専攻塾の開設

《要点1》道徳科学専攻塾の設立

廣池千九郎は昭和10年（1935年）4月、道徳科学研究所の本拠地を東京から現在の千葉県柏の地に移し、新たに学校教育部門として道徳科学専攻塾を開設しました。専攻塾は、修業2年の専攻部と同3年の高等専攻部からなる本科と、社会人を対象に修業3か月半で毎年春と秋の2回開講する別科とからなっていました。両科とも当時では珍しい男女共学で全寮制でした。専攻塾の開設により、地方における講習会や研究会などと相俟《あいま》って、国家社会に有為《ゆうい》な人材を養成するという念願の礎《いしずえ》ができたのです。

- 道徳科学研究所の設立　p.554
- 道徳科学研究所の組織　p.622
- 設立に至る経緯　p.623
- モラロジー研究の構想、千九郎の理想　p.646

《要点2》専攻塾の教育理念

専攻塾の教育の特色は、①知徳一体・情理円満の教育、②出藍《しゅつらん》の教育、③更生の教育、④大義名分を明らかにする教育、⑤世界の平和を実現する教育、⑥自己反省の教育、⑦環境順応の教育にありました。

また教育方法の特色は、①図書館を利用しての「指導法」と「自習法」、②基礎学となる語学と数学の重視、③有用かつ信用ある実際家を養成するため実学教育の重視、④教職員と塾生がともにキャンパス内に居住する全寮制の採用、⑤男女共学のもとに女子教育の重視、などでした。特に、キャンパス内に居住する教職員が肉親の父母以上の心をもって学生を愛し、学生の徳育に対して全責任を負うとしています。

- 建物の建設、建物と扁額　p.627
- 教育方法の特色　p.640

《要点3》孔子の子孫の来塾

千九郎は、孔子の71代子孫孔昭潤《こうしょうじゅん》と、その弟子顔回《がんかい》の74代子孫顔振鴻《がんしんこう》の一行が斯《し》文会《ぶんかい》の招待で来日することを知り、中華民国大使館を訪ねて専攻塾への来塾を要請しました。そして昭和10年（1935年）5月3日に一行の来塾が実現しました。

千九郎はみずから一行を案内し、塾生たちに向かって聖人の教えと実行の結果の偉大さを紹介しました。

- 聖人の末裔　p.651
- 日孜孜　p.655

第2章　谷川講堂の開設

《要点1》谷川講堂開設と第1回幹部講習会

千九郎は、昭和12年（1937年）1月、群馬県水上の谷川温泉に、温泉と講堂を開設しました。どんな場合でも全金力、全権力を費やしたことのない千九郎でしたが、谷川温泉と講堂の開設には「世界人類の霊魂と肉体をあわせて救済する大事業だから、モラロジー研究所の全金力を投入した」と述懐しています。

また同年7月、千九郎は谷川で第1回幹部講習会を開催しました。病状悪化の一途をたどっていた千九郎でしたが、モラロジーの教学をしっかりと肚《はら》に入れ、信念を持った研究者をつくるため、幹部一人ひとりが名利を捨て、陰徳を積んで最高道徳を実行するように諄々《じゅんじゅん》と説きました。

- 谷川温泉の購入　p.659
- 谷川講堂の建設　p.662
- 谷川第1回幹部講習会　p.666
- 大穴温泉の購入　p.668

《要点2》富岳荘の建設

「私の亡きあと、門人のために『道徳科学の論文』の執筆に生命をかけて苦労した足跡を残しておきたい」という千九郎の意志に基づき、昭和13年（1938年）1月28日、畑毛に温泉つきの土地200坪を購入し、2月17日には富岳荘《ふがくそう》が完成しました。千九郎は「富岳荘　友自遠方来　皆自得道還（友、遠方より来たる、皆おのずから道を得てかえる）」と書いて標札としました。

千九郎の死後、『道徳科学の論文』を執筆した離れの家を琴景舎（高橋旅館）から譲り受け、富岳荘の敷地内に移動しました。現在、畑毛記念館に残されている「論文執筆の部屋」は、門人にとって千九郎の苦労を偲び、道徳実行の誓いを新たにする場となっています。

- 富岳荘の建設　p.669

第3章　要人の来塾と賀陽宮殿下のご台臨

《要点１》平和への願いと要人の来塾

昭和10年ごろは、内外とも非常に逼迫《ひっぱく》した情勢でした。「個人や家庭が幸せになっても、ひとたび戦争や内乱が起これば、吹き飛んでしまう。国家の平和、世界の平和は、まさに人間の幸せの基本的条件である」との思いから、前首相の斎藤実、元首相の若槻礼次郎等の国家の指導者を次々と専攻塾に招き、最高道徳についての理解を求めました。

- 真の愛国心　p.677
- 前首相斎藤実の来塾　p.678
- 元首相若槻礼次郎の来塾　p.681
- デ・ハース博士らの来塾　p.683

《要点２》賀陽宮殿下のご台臨と御前講義

千九郎は、政府要人に対して繰り返し平和への提言を行ってきましたが、事は思惑どおりに運ばず、日本の進路を正すための最後の望みとして、賀陽宮恒憲王殿下を通して国家の秩序、平和を維持しようと考えました。昭和12年（1937年）の賀陽宮殿下の２回のご台臨《たいりん》と10回にわたる御前講義は、日中戦争の解決に腐心していた千九郎にとって命をかけたご進講でした。

- 御前講義　p.690
- 最後のご進講　p.700

第4章　おおいなる落日

《要点１》金婚式と春子への思い

昭和13年（1938年）４月２日、千九郎夫妻の金婚式が挙行されました。時に千九郎73歳、春子69歳。千九郎は、「これは私のためではなく、モラロジーを人々が信じていかれるため、すなわち人心救済に少しでも役立つため」と語っているように、自分の栄誉のためでなく、かくしゃくとしている自分たちの姿を見せ、門人が最高道徳を実行して永遠の幸福に進むようにと願って催されたものでした。

- 福禄寿　p.694
- 晩年の春子　p.697

《要点２》最後の教訓

死期を自覚した千九郎は、昭和13年（1938年）５月８日、葬式についての指示を与え、14日には最高道徳実行上の３つの標準を記し、15日には最後のご進講をするために東京に出立《しゅったつ》します。命がけのご進講を終えて谷川に戻った千九郎は、５月16日夜半、「わしはやがて字も書けなくなるだろう。目も見えなくなるだろう。もう一度全国の門人に会い、励ましたかったがもうできぬ。ひと言書いて……」と語り、筆を取って「とこしべに　我たましひは　茲《ここ》に生きて　御教《みおしえ》守る人々の　生れ更《かわ》るを祈り申さむ　モラロジーの父」としたためました。

- 辞世の句　p.702
- 実行上の３つの標準　p.705

《要点３》臨終と永遠の別れ

昭和13年（1938年）５月19日、将来に関する問題について事細かく指示した千九郎は、その後ほとんど口がきけない状態となりました。６月２日、春子にかけた「ありがとう」が最後の言葉となりました。そして６月４日の早暁《そうぎょう》、長男千英に抱かれての入浴後、午前10時55分、大穴の寓居で一生を閉じました。

６月５日午後、柏の研究所本部に戻った千九郎の遺体は、職員、学生、門人に迎えられました。その日の夜は仮の通夜、６日は全国から参集した門人による通夜、７日に納棺式、８日に葬儀、告別式が行われました。その後、遺体は東京の自宅に移され、親族中心の通夜、９日にはこれまで世話になった人々を対象に葬儀が行われ、夕方に雑司ヶ谷《ぞうしがや》の墓地で埋葬の儀が行われました。

- 絶筆　p.706
- 最後の入浴　p.708

■ 第７部の補足資料

谷川温泉付近の関連地図（本書p.47）

▼中津付近の関連地図

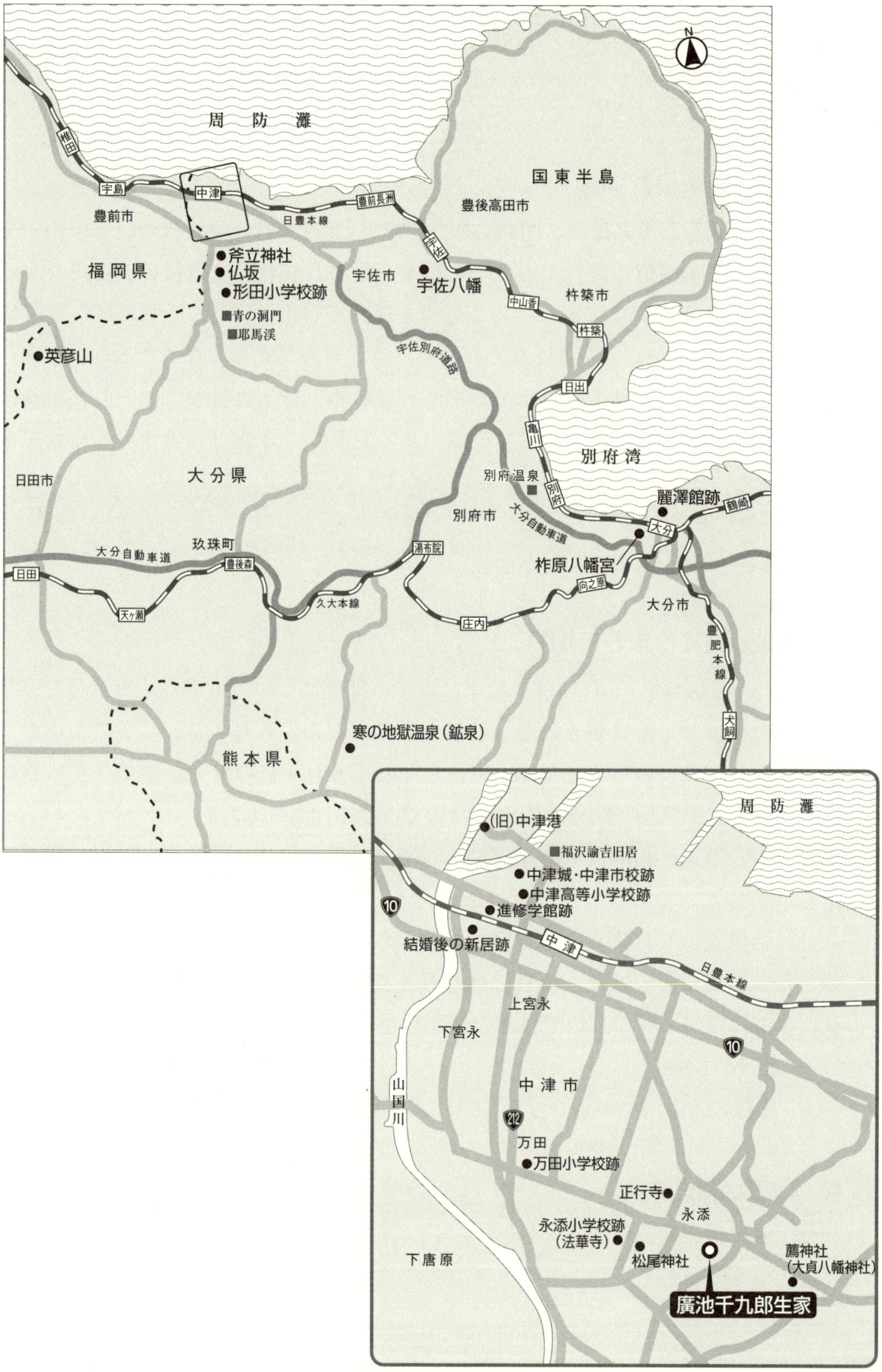

周防灘
国東半島
椎田
宇島
中津
豊前長洲
豊前市
日豊本線
豊後高田市
宇佐
福岡県
斧立神社
仏坂
形田小学校跡
宇佐市
宇佐八幡
中山香
杵築市
杵築
青の洞門
耶馬渓
英彦山
宇佐別府道路
日出
亀川
別府湾
日田市
大分県
別府温泉
別府
麗澤館跡
鶴崎
別府市
大分自動車道
大分
玖珠町
湯布院
柞原八幡宮
日田
豊後森
向之原
天ヶ瀬
久大本線
庄内
大分市
豊肥本線
犬飼
寒の地獄温泉（鉱泉）
熊本県
周防灘
（旧）中津港
福沢諭吉旧居
中津城・中津市校跡
中津高等小学校跡
10
進修学館跡
結婚後の新居跡
中津
日豊本線
上宮永
下宮永
10
中津市
山国川
212
万田
万田小学校跡
正行寺
永添
永添小学校跡
（法華寺）
松尾神社
薦神社
（大貞八幡神社）
下唐原
廣池千九郎生家

▼京都における関連地図

① 廣池千九郎旧宅（最初の住まい）
京都市中京区新椹木通竹屋町西革堂町

② 廣池千九郎旧宅（頂妙寺 妙雲院）
京都市左京区仁王門通川端東入

▼東京における関連地図

① 廣池千九郎旧宅　麹町区5番町 ――（現）千代田区１番町
② 廣池千九郎旧宅　本郷弓町１丁目25番地 ――（現）文京区本郷１丁目
③ 廣池千九郎旧宅　真砂町25番地 ――（現）文京区本郷４丁目
④ 廣池千九郎旧宅　本郷区台町32番地 ――（現）文京区本郷５丁目
⑤ 廣池千九郎旧宅　本郷区駒込西片町10番地トノ８号 ――（現）文京区西片１丁目
⑥ 廣池千九郎旧宅　西片町10番地ほノ24号 ――（現）文京区西片２丁目
⑦ 廣池千九郎旧宅　西片町10番地ほノ10号 ――（現）文京区西片２丁目
⑧ 廣池千九郎旧宅　牛込区神楽町２丁目20 番地 ――（現）新宿区神楽坂２丁目

▼伊勢における関連地図

▼畑毛温泉の関連地図

▼大阪における関連地図

淀川
北区
(現)毎日新聞
大阪本社
大阪
423
天満
桜ノ宮
479
城東区
京橋
鴨野
1
●(旧)毎日新聞大阪本社
福島
2
■中之島公園
野田
大阪環状線
大阪城公園
大阪城
25
西九条
森ノ宮
中央区
308
東成区
西区
玉造
弁天町
大阪ドーム■
道頓堀川
大正
鶴橋
天王寺区
生野区
港区
大正区
浪速区
芦原橋
桃谷
今宮
43
通天閣
新今宮
大阪出張所
■天王寺公園
天王寺
寺田町
関西本線
西成区
26
美章園
東部市場前
■天下茶屋
阪和線
平野
阿倍野区
東住吉区
玉出第三小学校
(現千本小学校)
木津川
南田辺
住之江区
鶴ケ丘
平野区
住吉大社
長居
■長居公園
大和川
我孫子町
住吉区
堺市
杉本町

▼谷川温泉付近の関連地図

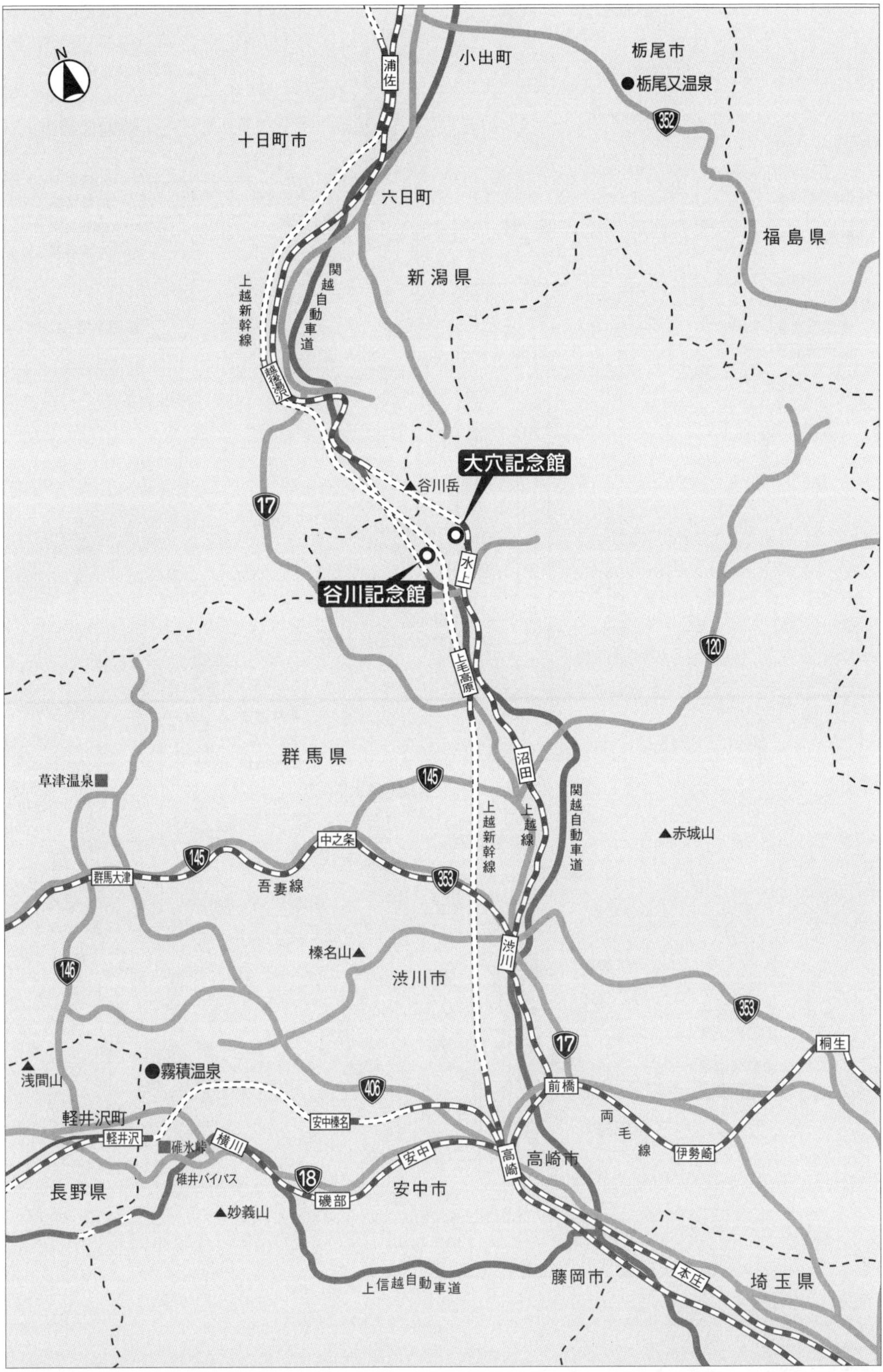

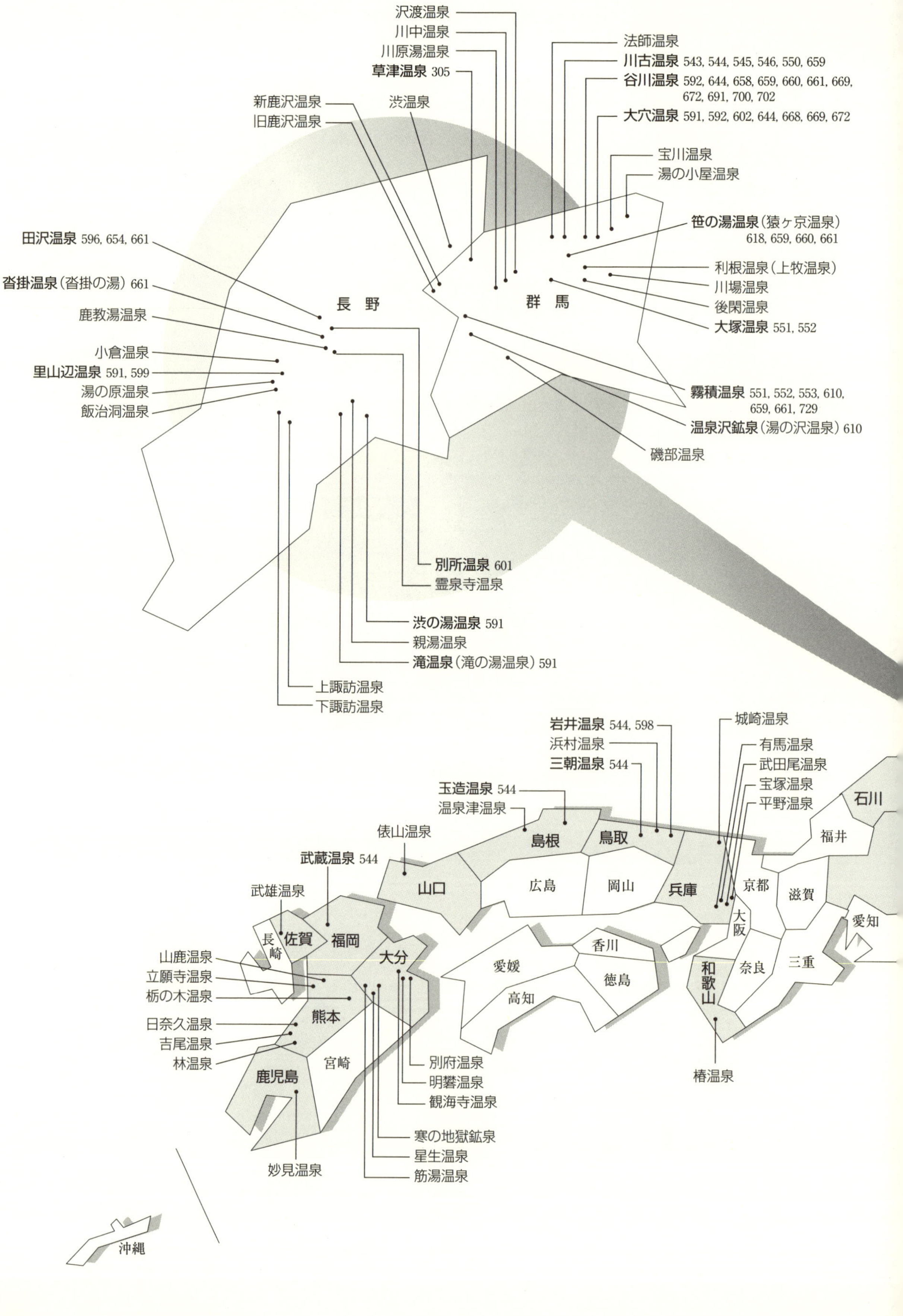

沢渡温泉
川中温泉
川原湯温泉
草津温泉 305
法師温泉
川古温泉 543, 544, 545, 546, 550, 659
谷川温泉 592, 644, 658, 659, 660, 661, 669, 672, 691, 700, 702
新鹿沢温泉
旧鹿沢温泉
渋温泉
大穴温泉 591, 592, 602, 644, 668, 669, 672
宝川温泉
湯の小屋温泉
笹の湯温泉（猿ヶ京温泉） 618, 659, 660, 661
田沢温泉 596, 654, 661
沓掛温泉（沓掛の湯） 661
長野
群馬
利根温泉（上牧温泉）
川場温泉
後閑温泉
大塚温泉 551, 552
鹿教湯温泉
小倉温泉
里山辺温泉 591, 599
湯の原温泉
飯治洞温泉
霧積温泉 551, 552, 553, 610, 659, 661, 729
温泉沢鉱泉（湯の沢温泉） 610
磯部温泉
別所温泉 601
霊泉寺温泉
渋の湯温泉 591
親湯温泉
滝温泉（滝の湯温泉） 591
上諏訪温泉
下諏訪温泉
岩井温泉 544, 598
浜村温泉
三朝温泉 544
城崎温泉
有馬温泉
武田尾温泉
宝塚温泉
平野温泉
玉造温泉 544
温泉津温泉
俵山温泉
石川
福井
島根
鳥取
武蔵温泉 544
山口
広島
岡山
兵庫
京都
滋賀
武雄温泉
愛知
大阪
長崎
佐賀
福岡
香川
大分
愛媛
徳島
和歌山
奈良
三重
山鹿温泉
立願寺温泉
栃の木温泉
高知
熊本
日奈久温泉
吉尾温泉
林温泉
宮崎
鹿児島
別府温泉
明礬温泉
観海寺温泉
寒の地獄鉱泉
星生温泉
筋湯温泉
妙見温泉
椿温泉
沖縄

廣池千九郎の入湯した温泉分布図

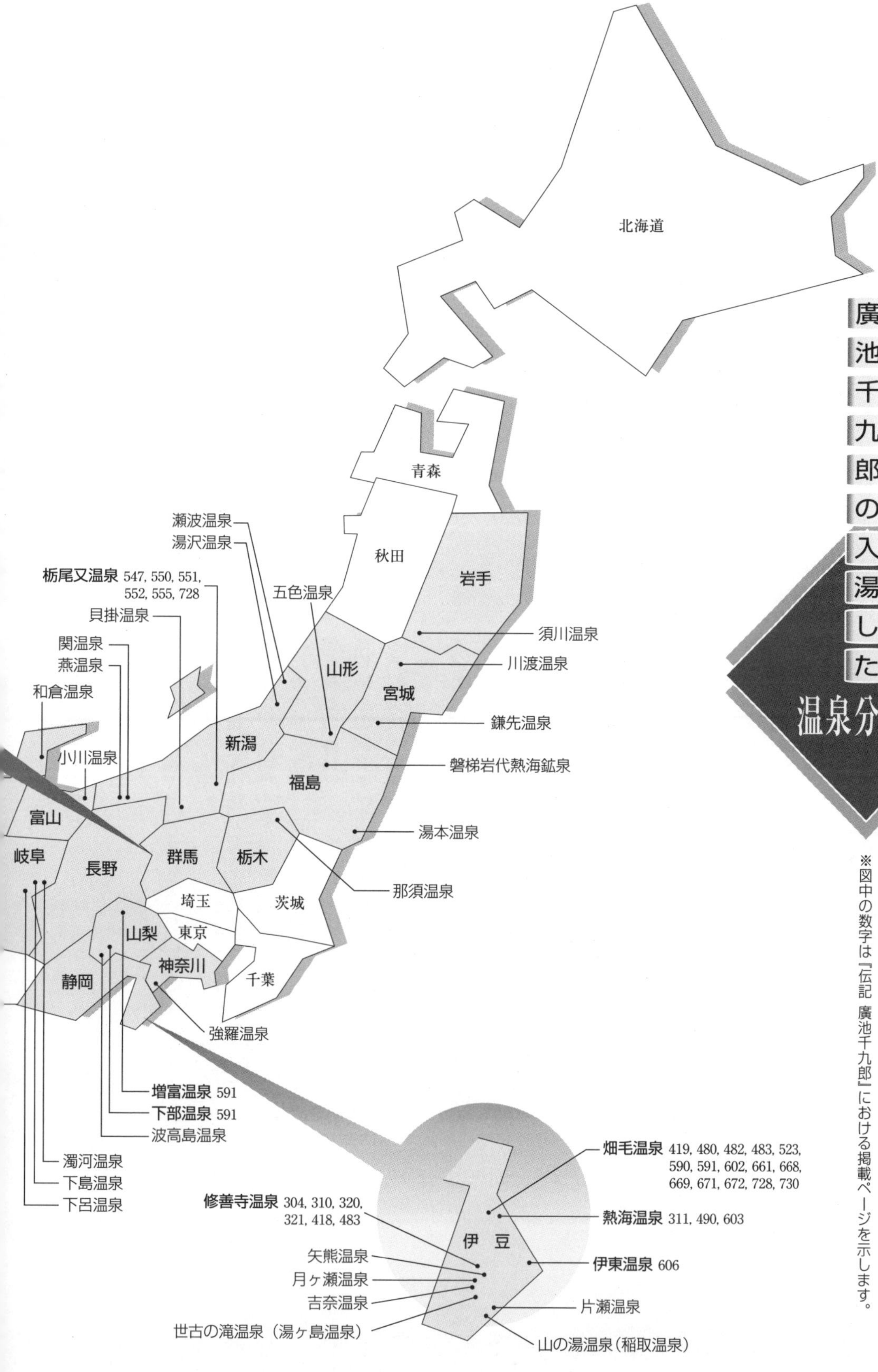

※図中の数字は『伝記 廣池千九郎』における掲載ページを示します。

廣池千九郎の事跡通覧表

主な編著書・人物	年号（西暦）	年齢	主な出来事
前期東京時代			
「倭漢比較律疏」「大唐六典」	●		
	明治三八年（一九〇五）	39	早稲田大学専任講師となる。
『日本文法てにをはの研究』　『支那文典』『東洋法制史序論』	明治三七年（一九〇四）	38	大病になる。
	●		
穂積陳重	明治三五年（一九〇二）	36	両親の東京見物。早稲田大学校外講師となり東洋法制史を講じる。
	●		
	明治三〇年（一八九七）	31	このころ日本国体の研究を開始。
雲照律師	明治二九年（一八九六）	30	『古事類苑』編纂上の自己反省。
井上頼囯　佐藤誠実　『古事類苑』	明治二八年（一八九五）	29	両親の京都見物。『古事類苑』編纂員となるため単身で上京。
京都時代			
『平安通志』	明治二七年（一八九四）	28	住吉神社の誓い。
富岡鉄斎　『皇室野史』	明治二六年（一八九三）	27	穂積陳重の論文を読んで法律研究を志す。長男千英誕生。
『史学普及雑誌』（～27号）	明治二五年（一八九二）	26	宮永村大火の救援活動を行う。京都に移る。
中津時代			
『中津歴史』	●		
	明治二三年（一八九〇）	24	大分県共立教育会に「教員互助会」の設立を申請して認められる。
	明治二二年（一八八九）	23	角春子（十八歳）と結婚。
『新編小学修身用書』	明治二一年（一八八八）	22	中津高等小学校に転勤。
	明治二〇年（一八八七）	21	万田小学校に転勤。
	明治一九年（一八八六）	20	樋田村に夜間学校を開設。
	明治一八年（一八八五）	19	応請試業に合格。形田小学校の訓導となる。
	明治一七年（一八八四）	18	大分県師範学校入試に再度失敗。
小川含章	明治一六年（一八八三）	17	永添小学校助教を辞職。大分県師範学校入試に失敗。明倫会麗澤館に入塾。
	●		
	明治一三年（一八八〇）	14	中津市校を卒業。永添小学校の助教となる。
	明治一二年（一八七九）	13	永添小学校を卒業。中津市校（別科）に編入学。
	明治　八年（一八七五）	9	永添小学校に入学。
	●		
	慶応　二年（一八六六）		豊前国下毛郡鶴居村大字永添（現在の中津市東永添南）に誕生（三月二十九日）。

賀陽宮恒憲王

孔子の子孫孔昭潤、顔回の子孫顔振鴻

『新科学モラロジー及び最高道徳の特質』

『孝道の科学的研究』

『道徳科学の論文』

『日本憲法淵源論』

『東洋法制史本論』『伊勢神宮と我国体』

『伊勢神宮』

千葉時代 ― 後期東京時代 ― 奈良時代 ― 伊勢時代

昭和一三年（一九三八）72 金婚式を行う。大穴温泉（群馬県）にて逝去（六月四日十時五十五分）。

賀陽宮恒憲王殿下ほか指導者が専攻塾に来塾。

昭和一二年（一九三七）71 谷川講堂を開設。大穴温泉を購入。

昭和一一年（一九三六）70 大阪講堂を開設。

昭和一〇年（一九三五）69 「道徳科学専攻塾」を現在の千葉県柏市に開塾。

昭和　八年（一九三三）67 各界の指導者に国政と世界平和への道を訴える。第二五十鈴河畔の教訓。

昭和　七年（一九三二）66 鈴木貫太郎侍従長に進言。大阪地方第一回モラロジー講習会を開催。

大阪毎日新聞社主催で講演会を開催。

昭和　六年（一九三一）65 栃又尾温泉で大病になる。霧積温泉でモラロジーの幹部講習会を開催。

昭和　五年（一九三〇）64 「新科学モラロジー及び最高道徳の特質」をレコードに吹き込む。

昭和　四年（一九二九）63 天皇皇后両陛下に『道徳科学の論文』を献上。

昭和　三年（一九二八）62 第一五十鈴河畔の教訓。『道徳科学の論文』初版刊行。

昭和　二年（一九二七）61 義務先行報恩協会を渋谷に設立。

大正一五年（一九二六）（昭和元年）60 『道徳科学の論文』脱稿、謄写版印刷が完成（八月十七日）。

大正一二年（一九二三）57 畑毛温泉で『道徳科学の論文』の執筆に専念する。

大正一一年（一九二二）56 初孫千太郎誕生。

大正　五年（一九一六）50 全国で盛んに講演活動を始める。

大正　四年（一九一五）49 天理教の公職を退く。モラル・サイエンスの組織的研究に着手。

大正　二年（一九一三）47 天理中学校長ならびに天理教教育顧問になる。

明治四五年（一九一二）（大正元年）46 大病になる。法学博士の学位を授与される。

明治四三年（一九一〇）44 「誠の体験」。学位論文「支那古代親族法の研究」を提出。

明治四二年（一九〇九）43 天理教に入信。

明治四一年（一九〇八）42 中国を視察旅行。

明治四〇年（一九〇七）41 伊勢に移る。神宮皇学館教授に就任。『古事類苑』完成。

廣池千九郎と交流のあった主な人々

小川 含章（おがわ・がんしょう）1812〜1894

漢学者。大分県で私塾「麗澤館」を開き、実学の尊重と道徳の奨励を基礎とする儒学教育を展開した。廣池は17歳の時に「麗澤館」で学び、小川含章より多大な影響を受ける。後に廣池は、道徳科学専攻塾内にある住居を「麗澤館」と命名した。

富岡 鉄斎（とみおか・てっさい）1836〜1924

南画家。帝国美術院会員。京都市美術学校（現在の京都市立芸術大学）教師として教育面にも尽力した。国学、漢学、神道の造詣も深い。また、文人画家として知られる。

井上 頼圀（いのうえ・よりくに）1839〜1914

国学者。文学博士。国学院（大学）教授、学習院（大学）教授を歴任する。『六国史』の校訂、『古事類苑』の編纂、『平田篤胤全集』の出版等に尽力した。

佐藤 誠実（さとう・じょうじつ）1839〜1908

国学者、文学博士。東京大学講師、東京音楽学校講師等を歴任し、『古事類苑』編修長を務める。また帝国学士院会員。編書に『語学指南』『日本教育史』等多数。

穂積 陳重（ほづみ・のぶしげ）1856〜1926

法学者、法学博士、男爵。日本法学界の先駆者。イギリス、ドイツで法学を学び、東京帝国大学法学部長、文部省書記官、大学教授頭を歴任。また貴族院議員、帝国学士院院長、臨時法制審議会総裁等も務める。民法法令、戸籍法、国籍法等を編纂。『法律進化論』『法典論』『祖先祭祀と日本法律』等著書多数。

大隈 重信（おおくま・しげのぶ）1838〜1922

政治家、早稲田大学の創立者、伯爵。明治の元勲、明治政府の創始者の一人。新政府の参議に就いて以来、約50年の間政界で重きをなし、主に外交問題に当たった。

白鳥 庫吉（しらとり・くらきち）1865〜1942

東洋史学者、東京帝国大学教授、学士院会員。東洋史の権威的存在。科学的東洋史学の確立に努力し、日本民族の起源を言語学的に解明した。また東洋文庫の創設に尽力し、理事長となる。

阪谷 芳郎（さかたに・よしろう）1863〜1941

実業家。大蔵大臣、東京市長、連合国経済会議委員、専修大学総長等を歴任。また、渋沢栄一の同族会社等の重役を兼任した。

新渡戸 稲造（にとべ・いなぞう）1862〜1933

農学者、教育者。札幌農学校（現在の北海道大学）、京都大学法学部教授、旧制一高校長、東京女子大学初代学長など歴任。昭和9年、創設まもない国際連盟の事務局次長となり、国際的日本人として活躍。内村鑑三、岡倉天心らと並んで近代日本を代表する国際的知識人。名著『武士道』は日本道徳の価値を広く世界に宣揚した。

鈴木 貫太郎（すずき・かんたろう）1867〜1948

海軍軍人、内閣総理大臣、軍令部長、侍従長、枢密院議長等を歴任。大東亜（太平洋）戦争では終戦時の首相として戦争を終結に導いた。

斎藤 実（さいとう・まこと）1858〜1936

海軍軍人。海軍大臣、内閣総理大臣、朝鮮総督府総督、内務大臣、ジュネーブ会議全権委員等を歴任。陸軍の拡大政策と右翼革新主義に対して抵抗するも、2.26事件の犠牲となる。昭和10年11月10日に道徳科学専攻塾に来塾する。

若槻 礼次郎（わかつき・れいじろう）1866〜1949

内閣総理大臣、憲政会総裁。官僚政治家の草分けの一人。重臣として、日米開戦に反対したハト派政治家。満州事変の拡大に反対する平和論者であったが、２次にわたる内閣は、いずれも挫折に終わった。昭和11年７月６日に道徳科学専攻塾に来塾する。

『伝記 廣池千九郎』索引

●事項索引 ………… 54

●編著書名索引 ………… 77

●人名索引 ………… 80

凡例

(1) ➔ …………矢印が示した項を見よの意味。

(例) 学校法人廣池学園 ……… ➔廣池学園

➔印は、同一内容で表記の異なる本項目が別にある場合に付けた。

(2) ↗ …………矢印が示した項を参照せよの意味。

(例) オーソリノン ……… ↗伝統

↗印は、主として同義もしくは類似の項目あるいは対照的な項目が他にある場合に付けた。

(3)『　』……… 書名、雑誌名、新聞紙名を示す。

(例)『古事類苑』、『史学普及雑誌』

(4)「　」……… 論稿名、講演題名等を示す。

(例)「廐戸皇子」、「近世思想近世文明の由来と将来」

(5)(　) ……… 同一内容で異なる表記の場合。

(例) 神(神様) ………「神」の表記以外に「神様」の表記もあることを示す。

大阪(の)開発………「大阪開発」と「大阪の開発」の２つの表記があることを示す。

(6)〔　〕……… 補注を示す。

(例) 学位取得〔井上頼圀の〕………項目についての説明。

〔廣池千九郎〕博士の人格………一部項目を補ったことを示す。

(7) —— ……… 項目語の省略を示す。

(例) 教育

—— の要

—— の原理

事項索引

あ

愛国教育 …… 678
愛国思想 …… 578, 579
愛国主義 …… 329, 579
青山小学校 …… 82
赤倉別荘 …… 433
アカデミー設立 …… 623
秋月の乱 …… 33
「明智光秀論」 …… 65
足尾銅山 …… 306, 443
熱海 …… 311, 490, 603
天津神 …… 319
天の岩戸籠り …… 405, 407, 411, 413
天石窟、天石屋戸 …… 413
新井白石論 …… 171
アリストテレスの教育観 …… 118
安心・平和・幸福 …… 532, 643, 648, 650, 658
安全保障 …… 31

い

イートン …… 642
威海衛 …… 228
威嚇（威嚇主義） …… 389, 579
医学、医学者 …… 120, 623, 647
池永家 …… 35, 36
いじめ …… 42, 45, 46
五十鈴河畔の教訓 …… 380, 495, 496, 497
「伊勢講設立の主意」 …… 335
伊勢神宮 …… 334, 360, 361, 363, 364, 495, 544, 571, 605, 672, 677, 690, 728, 729
伊勢神宮と皇室と国体の関係 …… 360
「『伊勢神宮と我国体』について」 …… 436
伊勢神宮祭主 …… 328, 686
伊勢の学校 …… 314
遺体の朱詰 …… 711
異端 …… 258, 546, 561, 566, 587
一念一行 …… 713
一家団欒 …… 431, 520
一挙手一投足 …… 90, 570, 595, 599
一身 …… 101, 114, 126, 394, 586
一派独立 …… 374, 402
遺伝学 …… 506, 647
伊東温泉 …… 606
稲村ヶ崎〔鎌倉〕 …… 433
意なく必なく固なく我なし …… 655
「稲葉一鉄と荒木村重とはいずれが優れるかの論」 …… 65
井上文庫 …… 308
命と魂を打ち込んだ部屋 …… 672
以文会 …… 199
今一色 …… 376, 377, 378, 379, 380, 496
今幸いに大患にかかり …… 397
今行〔村〕 …… 82
医薬 …… 372
岩井温泉 …… 544, 598
殷 …… 354
因果の法則 …… 254
因果律 …… 103, 254, 369, 565
咽喉カタル …… 395
因襲的孝道 …… 539
陰徳 …… 489, 667
印度哲学会 …… 450

う

上田 …… 547, 551, 596
宇佐八幡宮 …… 35
宇治橋 …… 474, 495
打物菓子 …… 299
宇宙主義・世界主義 …… 469, 470, 471
宇宙の真理 …… 712
宇野村 …… 150
「廐戸皇子」 …… 174
梅田 …… 163
運送王 …… 491
運命 …… 143, 215, 309, 313, 372, 382, 397, 406, 507, 522, 639
運命成立の根本的原因 …… 640

え

映画 …… 616, 667
英会話 …… 637
英語 …… 57, 92, 122, 123, 124, 127, 140, 205, 206, 238, 255, 278, 279, 512, 513, 532, 630, 634, 637, 641, 643, 645, 679
英語廃止論 …… 634
英語科 …… 111, 115
英語学 …… 630
英文タイプ …… 637
越後 …… 546, 547
越王 …… 584
江戸時代 …… 31, 38, 57, 65, 74, 120, 127, 136, 174, 247, 253, 288, 304, 318, 368
エピソード …… 202, 206, 212, 274, 293, 306, 567, 596, 597, 645
煙台 …… 341
円太郎馬車 …… 293
延命を祈願 …… 396, 546

お

王子製紙 …… 338, 534

欧州の文明 …… 384
応請試業 …… 67, 69, 71, 125, 724
王政復古 …… 30, 66, 182, 184
応仁の乱 …… 169, 181, 183
欧米列強 …… 30
大穴 …… 664, 668, 672, 708, 709, 711
大穴温泉 …… 591, 592, 602, 644, 668, 669, 730
大穴寮 …… 615
大分県教育会 …… 110, 116
「大分県教員互助会設立の主意書」 …… 114
大分県師範学校 …… 53, 56
大分県尋常師範学校 …… 114
大分皇典講究所 …… 216
大垣 …… 544
大隈内閣 …… 442
大蔵省 …… 296
大阪（地方）第一回（モラロジー）講習会 …563, 564
大阪朝日新聞社 …… 533
大阪港 …… 163
大阪講堂 …… 566, 730
大阪出張所 …… 558, 563
大阪船場 …… 569
大阪ソサイティ …… 562
大阪玉出工業協和会 …… 536, 728
大阪日東蓄音器株式会社 …… 539, 541
大阪（の）開発 …… 533, 536, 728
大阪毎日新聞社 …… 515, 533, 552, 556, 557, 729
大貞八幡神社 …… 35
オーストリア …… 442, 676
オーソリノン …… 513 ↗伝統
大塚温泉 …… 551, 552
大祓の詞 …… 362
悪寒 …… 672
掟 …… 253
「荻生徂徠伝」 …… 65
教え子の回想〔皇学館〕 …… 332
オゾン …… 431, 669
「落穂拾い」〔ミレー〕 …… 615
お茶の水高等女学校 …… 421
斧立神社 …… 84
己に薄く他に厚く …… 489
お筆先 …… 387
御道 …… 393, 401
御許山騒動 …… 32
重湯 …… 395
思わず知らずに …… 378
親孝行 …… 39, 42, 205, 454
親、祖先 …… 43
小山工場（富士瓦斯紡績） …… 447
恩師 …… 1, 146, 254, 257, 269, 303, 307, 312, 351, 360, 385, 427, 434, 435, 452, 522, 523, 524, 629
恩人 …… 146, 263, 287, 309, 351, 403, 406, 434, 435, 526, 532, 561
恩人の系列 …… 379 ↗伝統
温泉 …… 311, 482, 483, 547, 551, 552, 560, 589, 590, 591, 592 ,593 , 594, 596, 597, 598, 601, 602, 658, 659, 660, 661, 662, 664, 668, 669, 670 , 702
温泉療法 …… 310, 590
恩寵的試練 …… 404, 407

か

海外渡航 …… 514, 515, 516
海外普及 …… 512
階級意識 …… 420
階級制度の根本原理と労働問題 …… 459
海軍 …… 584, 679
海軍軍令部 …… 535, 568
海軍大学 …… 535
外交 …… 31, 210, 383, 464, 469, 471, 579, 584, 585, 677, 679
外国語 …… 123, 208, 638, 641
開塾式 …… 632, 729
改正教育令 …… 74, 97
凱旋祝い …… 315
開発 …… 59, 91, 104, 397, 406, 449, 473, 509, 533, 536, 543, 550, 551, 555, 566, 570, 596, 597, 598, 599, 602, 609, 624, 646, 664, 669, 684
↗ 救済、人心（の）救済
——活動 …… 552, 557, 562, 569, 573, 599, 650
開発救済 …… 504, 553, 586, 598, 640
——活動 …… 550, 592
外務省 …… 40, 296, 385, 434
戒律 …… 316
カイロ …… 484, 590, 672
科学性、普遍性 …… 505
科学の進歩 …… 30
学位 …… 1, 265, 308, 309, 329, 348, 350, 351, 352, 385, 397, 426, 429, 630, 727
学位（の）授与 …… 349, 397, 425, 426
——祝賀会 …… 351
——内定 …… 394
学位取得〔井上頼圀の〕 …… 308, 309
学位（の）取得〔廣池千九郎の〕 …… 325, 348, 425
学位論文 …… 348, 354, 377, 726
——の提出 …… 348, 349
学士会館 …… 259
学者的態度 …… 420
学者の資格 …… 526
学者の生命 …… 386
「学者町の解剖」 …… 432

学術研究 ………………………………… 555, 646
学術調査 ………………………………… 338, 418
学制 ……………………………… 74, 96, 97, 116
学統 ……………………………………………… 275
学派神道（皇道）……………… 366, 368 ↗神道
学問研究 ……………………… 1, 191, 506, 638
過失犯則 ………………………………………… 389
臥薪嘗胆 ………………………………………… 228
家族 ……… 37, 52, 154, 204, 221, 230, 237, 288, 293, 294, 295, 296, 302, 336, 339, 410, 421, 423, 430, 432, 433, 482, 495, 520, 523, 602, 605, 644, 661, 689, 706, 711, 714
——制度 ………………………… 331, 354, 355
——の哀感 ……………………………………… 520
——の転居 ……………… 204, 295, 301, 520, 522
華族会館 ……………… 247, 384, 457, 458, 459
——での講演 ……………………… 457, 458, 534
華族女学校 ……………………………… 220, 287
片倉会館 ………………………………………… 536
形田校（形田小学校）………… 72, 76, 78, 81, 82, 83, 87, 110, 724
価値観 …………………………………………… 453
学監 ……………………………………… 261, 287
学校教育活動 …………………………………… 569
学校教育部門 …………………………………… 622
学校法人廣池学園 …………… 623 ➔ 廣池学園
豁然大悟 ………………………………………… 407
活版印刷 ………………………………………… 479
家庭生活 ………… 40, 152, 154, 291, 301, 639, 732
カナダ …………………………………………… 561
歌舞伎 …………………………………… 88, 405
鎌倉 ……………………………… 169, 320, 433, 493
神（神様）…… 106, 107, 175, 214, 242, 254, 258, 289, 298, 311, 319, 321, 366, 367, 369, 373, 378, 379, 380, 381, 382, 386, 387, 388, 393, 394, 396, 397, 398, 399, 400, 403, 404, 406, 409, 410, 422, 423, 482, 485, 521, 523, 532, 539, 548, 550, 551,553, 563, 597, 600, 662, 663, 671, 695, 701, 702
——が与えてくれた恩寵的試練 …………… 404
——に謝罪 ……………………… 381, 382, 399
——の警告 ……………………………………… 397
——の原理 ……………………………………… 504
——の（御）心 ………… 366, 380, 410, 545, 550, 565, 570, 662
——のご守護 …………………………………… 423
——の事業 ……………………………………… 382
——の慈悲（心）………… 367, 379, 410, 449, 501
——の（お）力 ……………… 373, 378, 379, 398
——の知識 ……………………………………… 639
——の法則 ………………………………… 366, 410
——を拝む ……………………………………… 367
神頼み …………………………………………… 367
上京区 …………………………………… 166, 204
上村旅館 ………………………………………… 547
賀茂鶴 …………………………………………… 682
軽井沢 …………………………………… 508, 552
河崎の教会〔天理教〕…………………………… 380
川古温泉 ……………… 543, 544, 545, 550, 659
閑院宮 …………………………………………… 493
感化 ………… 57, 375, 405, 406, 413, 415, 537, 542, 545, 595, 628, 632, 681, 698
漢学 …… 42, 53, 57, 58, 59, 119, 122, 124, 125, 193, 197, 198, 206, 208, 209, 275, 363
——教育 ………………………………………… 345
漢学者 ……………………………………… 1, 239
環境順応の教育 ………………………………… 640
刊行後の研究課題 ……………………………… 506
官公庁 …………………………………………… 330
韓国 …… 33, 340, 354, 418, 455, 462 ,536, 570, 585
韓国親族法 ……………………………… 348, 354
監獄局獄務課長 ………………………………… 342
監獄警察 ………………………………………… 340
官国幣社宮司の資格 …………………………… 328
漢詩 ………… 61, 64, 65, 68, 69, 103, 340, 546, 665
漢詩文 ……………………………………………… 63
感謝 ……… 43, 63, 244, 262, 299, 349, 351, 367, 382, 387, 397, 403, 404, 406, 407, 426, 490, 522, 525, 536, 604, 615, 652, 663, 696
感謝報恩 ………………………………… 495, 496
——の実践 ……………………………………… 639
慣習 ……………………… 154, 332, 340, 501, 580
感情や利害 ……………………………… 578, 580
関税自主権 ……………………………………… 384
管長 ………………………………… 386, 387, 401
管長夫人 ………………………………………… 433
「幹堂」…………………………………………… 290
関東軍 …………………………… 557, 576, 577
関東大震災 ……………………… 269, 523, 524, 577
関東都督府 ……………………………………… 383
惟神の大道 ……………………………………… 318
官閥学閥 ………………………………………… 329
幹部 ………… 58, 422, 552, 553, 608, 649, 650, 666, 667, 689, 705
幹部講習会 ………………… 551, 553, 556, 666, 730
漢文 ………… 44, 90, 141, 172, 208, 209, 219, 237, 268, 272, 273, 278, 331
漢文漢字教授法 ………………………………… 343
漢文法 ………………… 57, 272, 274, 275, 276, 277
官幣社 …………………………………………… 216
官幣大社 ………………………………… 213, 309

感銘 ………… 320, 447, 450, 452, 457, 490, 491, 554, 560, 564, 598, 644, 645, 685, 689
官立高等専門学校 …………………………… 328

き

帰一協会 …………………… 450, 451, 452, 727, 732
生糸 ………………………………………… 562
キーナン検事 ……………………………… 683
義捐金 ……………………………… 146, 147, 303
危機感 ……………………………………… 557
企業家 …………………………………… 558, 637
寄寓 ……………………………………… 302, 419
寄宿舎 ……………………… 59, 91, 134, 155, 296, 629
寄宿舎教育 ………………………………… 624
基礎学 …………………………………… 638, 641
貴族 …………………………… 139, 289, 458, 503
貴族院議員 ……………… 141, 424, 457, 459, 557, 683
吉報 ……………………………………… 309, 394
危篤 …………………………………… 302, 394, 706
記念文庫の設立 …………………………… 307
機能不全 …………………………………… 590
木の子岳事件 ……………………………… 32
貴賓館 ………………………… 629, 688, 689, 694
岐阜竹ヶ鼻 ………………………………… 570
寄付活動 …………………………………… 303
義務 …………………………… 448, 452, 500, 532
義務先行の原理 …………………………… 504
義務先行説 ……………………………… 451, 452, 727
義務先行報恩協会 ……………………… → 報恩協会
義務の先行 ………………………………… 452, 532
吸霞園 ……………………………………… 375
救済 ………… 107, 110, 144, 146, 368, 377, 380, 381, 404, 432, 449, 537, 551, 554, 563, 592, 597, 602, 658, 661, 678 ↗ 開発、人心（の）救済
九州帝国大学 ……………………………… 522
急性胃潰瘍 ………………………………… 520
急性腸カタル ……………………………… 300, 302
窮地 ………………………………………… 314
救貧院設立 ……………………………… 304, 321
窮民救済 …………………………………… 304
九竜半島 …………………………………… 228
教育 …… 32, 44, 49, 51, 52, 61, 65, 74, 75, 76, 77, 78, 79, 80, 83, 86, 89, 94, 97, 98,100, 103, 104, 105, 106, 107, 112, 114, 118, 149, 211, 216, 219, 240, 284, 287, 311, 312, 329, 330, 360, 362, 401, 426, 449, 466, 472, 537, 540, 571, 586, 587, 594, 627, 633, 636, 644, 662, 664, 713
——の要 …………………………………… 389
——の原理 ……………………………… 587, 641
——の真の意味 …………………………… 638
——の枢要 ………………………………… 362
——（の）理想 ……………………………… 639, 642
——の理想像 ……………………………… 99
教育家 ……………… 106, 114, 115, 189, 211, 315, 360, 638, 684
教育活動 ………………………………… 540, 561
教育顧問 ……………………… 385, 402, 404, 727
教育者 ……………… 41, 85, 91, 93, 120, 132, 147, 170, 240, 287, 588, 710
教育宗教学部 ……………………………… 623
教育上の失敗 ……………………………… 389
教育心理学 ………………………………… 630
教育制度 ……………………………… 44, 75, 96, 637
教育勅語 …………… 98, 99, 164, 318, 374, 453, 632
教育法 ……………………………… 345, 571, 623, 684
教育問題 …………………………………… 588
教育理念 …………………………… 2, 338, 636, 638
教育令 ……………………………………… 74, 97
教員互助会 ……………… 109, 112, 113, 116, 134, 724
饗応 ………………………………………… 605
教会 ……………………………………… 317, 319
教学大旨 …………………………………… 97
「教化の根底としての科学的研究」 …………… 456
教監 ………………………………………… 630
教訓 ………… 362, 396, 406, 407, 496, 504 ,539, 570, 614, 649, 650, 671, 704, 705, 706, 713
教訓、訓示、心得、警告等 ………………… 650
共産主義 ………………………………… 465, 577
共産主義運動 ……………………………… 463
共産党 …………………………………… 576, 674
教師の罪 …………………………………… 389
教祖 ……………………………… 374, 386, 387, 401
教典 ……………………………… 317, 374, 403, 404
京都旧事諮問会 …………………………… 207
京都見物 ………………………………… 220, 221, 230
京都大学 ……………………………… 138, 199, 339, 526
京都帝国大学 …………………………… 260, 455
京都帝国大学宗教学読書会 ………………… 455
教派神道 ……………………… 366, 368, 369 ↗ 神道
——十三派 ……………………… 349, 368, 369, 372
興味本位 …………………………………… 408
教理の修養 ………………………………… 403
旭日昇天の年 ……………………………… 687
極東裁判 …………………………………… 683
曲阜 ………………………………………… 653
居留民 ……………………………………… 576
キリスト教 ……… 118, 123, 137, 191, 282, 316, 317, 318, 320, 367, 384, 500, 515
霧積温泉 ………… 551, 552, 553, 610, 659, 661, 729
霧積館 ……………………………………… 552

義和団 …… 228
気を永く …… 399
琴景舎 …… 482, 483, 484, 485, 671
金婚式 …… 694, 695, 696, 730
金州 …… 341
錦州 …… 341
近世思想 …… 678
「近世思想近世文明の由来と将来」 …… 456
近代経済学 …… 648
近代国家 …… 30, 31, 74, 112, 231
近代律令学 …… 265
金湯館 …… 552
勤王の志士 …… 32
金融引き締め政策 …… 557

く

草津温泉 …… 305
沓掛の湯 …… 661
求道者 …… 325
求道の道 …… 321
宮内省 …… 216, 218, 282, 295, 494
宮内省図書寮 …… 218, 234, 281, 307
宮内大臣 …… 248, 282, 493, 494
国の艱難 …… 581
久邇宮邸 …… 493
供養 …… 539, 604
供養料 …… 605
黒住教 …… 368, 369
軍事行動 …… 557, 674
軍人勅諭 …… 318
訓導 …… 56, 66, 67, 83, 85, 86, 89, 112, 724
軍備拡張 …… 384

け

経営指導 …… 611
経営者 …… 448, 449, 491, 612, 613, 637, 727
——への警鐘 …… 448
——を開発 …… 449
慶応義塾 …… 49, 120, 141, 385, 447, 557
計画〔廣池千九郎の〕…… 60, 61, 78, 81, 86, 93, 114, 133, 166, 188, 204, 241, 243, 266, 268, 270, 281, 282, 304, 321, 335, 414, 506, 512, 514, 516, 543, 554, 563, 624, 627, 648, 662, 680
京華中学 …… 421
経験主義 …… 476
経済界 …… 524, 534, 554, 557, 558, 559, 561
——不況の原因 …… 554
経済学 …… 476, 587, 630, 638, 640, 647, 648, 649
経済再建の問題 …… 536
経済商工学部 …… 623
経済発展 …… 443
経済問題 …… 588
京城 …… 340, 341, 570
経世家 …… 467, 710
経世済民 …… 340
啓発 …… 98, 101, 397, 599
閨閥 …… 351
刑罰 …… 389
刑法 …… 339
敬慕 …… 490
——の念 …… 629
「経を以て経を説く(以経説経)」 …… 253, 642, 682
外宮 …… 495
ゲッチンゲン大学 …… 424
厳学部侍郎 …… 343
建議書 …… 586, 587, 617
研究
——態度 …… 274
——の動機 …… 500, 503
——課題 …… 247, 344, 506, 507
——成果 …… 2, 252, 264, 266, 276, 281, 502, 503, 504, 542
研究会〔モラロジーの〕…… 542, 565, 596, 637
研究所 …… ➔モラロジー研究所
——設立計画 …… 512
——の特色 …… 555
——の研究の特色 …… 648
研究部構想 …… 647
原稿の清書 …… 203, 594
顕在的伝統 …… 604
原始的神道(固有神道、古神道) …… 366 ↗神道
原書 …… 641
現代人の思想の誤謬 …… 503
原典 …… 253, 320, 571, 706
献納 …… 386, 396, 431
憲法 …… 339
憲法学者 …… 259
賢母良妻 …… 643
献本 …… 493, 494
権利 …… 153, 448, 452, 500, 661

こ

五・一五事件 …… 584
講演会〔モラロジー、モラル・サイエンスの〕…… 2, 457, 458, 459, 517, 533, 534, 535, 536, 542, 552, 556, 558, 559, 560, 561, 562, 565, 570, 622, 626, 637, 679, 729
講演会〔その他の〕…… 349, 374, 401, 402, 450, 454, 455, 456,
講演活動 …… 441, 447, 453, 465, 472, 510, 534,

543, 597
講演テーマ …… 456
皇学館 …… 120, 303, 327, 328, 329, 331, 334, 335, 365, 418, 421, 424, 431, 432
——(の) 教授 …… 168, 328, 331, 343, 349, 433,726,727
——創立三十周年 …… 424
——で行った講義科目 …… 331
皇学館大学 …… 235, 328, 335
江華島事件 …… 210
交感神経 …… 590
恒久的平和 …… 584
工業家の利益 …… 612
工業教育会 …… 449
講師〔モラロジーの〕 …… 564, 567, 569, 630, 650
講師〔その他の〕 …… 168, 220, 239, 260, 261, 262, 331, 418, 454, 473, 725, 726
孔子祭 …… 651
孔子の後裔 …… 655
孔子の子孫 …… 651, 729
孔子廟 …… 344
皇室 …… 59, 66, 164, 170, 171, 172, 173, 175, 180, 181, 182, 183, 184, 192, 280, 281, 282, 344, 360, 402, 474, 494, 500, 501, 586, 672, 677, 686, 687, 688
——尊崇の念 …… 630
——の安泰 …… 686
——の万世一系 …… 344, 360, 362, 411
「皇室御史」 …… 180
講習会〔モラロジーの〕 …… 492, 563, 564, 565, 566, 567, 568, 569, 570, 605, 622, 625, 637, 649, 650, 666, 679, 729
講習会〔その他の〕 …… 365, 385
膠州湾 …… 228
広州湾 …… 228
工場法 …… 444
孝心 …… 40, 53, 220, 299
更生 …… 380, 672, 703
——の教育 …… 639
校則違反 …… 389
校長 …… 42, 45, 69, 91, 110, 112, 120, 141, 150, 163, 287, 334, 385, 387, 388, 402, 404, 420, 451, 624, 634, 653, 686, 727, 731
皇典講究所 …… 122
後天的原因 …… 503
皇道 (学派神道) …… 366 ➚ 神道
皇道派 …… 675
皇道派青年将校 …… 675
孝道 …… 362, 538, 539, 560, 604, 605
孝道の研究 …… 560
合同運送 …… 491
高等教育機関 …… 118, 636
高等女学校 …… 286, 351, 421
高等女学校令 …… 286
高等専攻部 …… 637
抗日救国運動 …… 674
抗日民族統一戦線 …… 674
幸福 …… 103, 105, 301, 336, 378, 379, 389, 396, 397, 406, 453, 466, 467, 468, 500, 501, 503, 506, 515, 532, 534, 537, 570, 578, 579, 584, 595, 599, 611, 629, 638, 643, 647, 650, 656, 658, 694, 695
幸福と道徳 …… 456
好物 …… 420
公平無私 …… 628
溝幫子 …… 341
高慢心 …… 379
高慢の心 …… 394
公明正大 …… 469, 471, 571, 682
孔孟の道徳思想 …… 253
功利主義 …… 476
功利的 …… 566
合理的な理由 …… 580
呉王 …… 584
古学者 …… 343
語学は手段 …… 278
五か条の誓い …… 211, 214
小金小学校 …… 626, 634
小金町 …… 607, 622, 625
小金町長 …… 634
国王の恩 …… 283, 284
国学 …… 42, 53, 66, 119, 122, 125, 146, 173, 174, 196, 197, 198, 206, 219, 364
国学者 …… 122, 131, 165, 168, 174, 232, 233, 246, 280, 308, 366, 374, 420
国学院 …… 168, 216, 220, 241, 301, 314
国学院大学 …… 208, 216, 232, 295
「国語読本大字典」 …… 243
国際慣習 …… 580
国際協調外交 …… 464
国際社会 …… 641
国際戦争 …… 578, 579
国際通運 …… 491, 535
国際的感覚 …… 643
国際道徳 …… 580
国際連盟 …… 462, 504, 509, 577, 676
国際連盟憲章 …… 462
国粋主義 …… 678
国体 …… 59, 60, 98, 164, 167, 171, 173, 174, 192, 216, 262, 280, 284, 319, 330, 344, 360, 361, 364, 411, 452, 648, 690, 691

——護持 …………………………………… 319
——保持 …………………………………… 317
——至上主義 ……………………………… 675
国難 ………………………………… 585, 586
国文 ………………………………… 208, 331
国文学者 ……………………………………… 303
国幣社 ……………………………… 216, 328
国法 ………………………………… 405, 584
国民の道徳的精神 ………………………… 360
国民思想の指導 …………………………… 318
国民精神 …………………………… 676, 729
——を統合する …………………………… 318
国民精神作興に関する詔書 ……………… 524
国民精神総動員運動 ……………………… 675
国民徴用令 ………………………………… 675
国民党 ……………………………… 463, 576
国民党政府 ………………………………… 674
国民道徳 ………… 99, 283, 318, 384, 450, 453, 457, 686, 690, 729, 732
——の淵源 ………………………… 361, 468
——の標準 ………………………………… 282
——振興策 ………………………………… 374
——振興政策への参画 …………………… 383
国立国会図書館 …………………………… 234
語源 ………………………………… 256, 420
心の世界 …………………………………… 376
心の動揺 ………………………… 394, 465, 524
心づかい …………… 1, 363, 372, 397, 399, 400, 404, 413, 466, 505, 512, 664
——の反省 ………………………… 372, 399
志 …… 49, 56, 61, 62, 63, 64, 77, 102, 103, 122, 134, 148, 272, 288, 290, 313, 429, 434, 435, 624, 628
孤児院 …………………………… 106, 305, 388
「児島高徳論」 ……………………………… 65
互助会概則 ………………………………… 113
古事類苑受領簿 …………………………… 316
個人の幸福 ……………………… 466, 467, 468, 534
個人の力 …………………………… 282, 467
個人の道徳心 ……………………………… 537
個人の肉体 ………………………………… 382
個人の品性 ………………………………… 504
個人的教育法 ……………………………… 537
古神道（固有神道、原始的神道）…… 366 ↗ 神道
ご聖断 ……………………………………… 687
御前講義 ……………… 568, 686, 688, 690, 691, 701
古代神道 …………………………… 368, 369
古代法典研究会 …………………… 193, 199
国家
——間の協調 ……………………………… 584
——対立の時代 …………………… 470, 584
——の安泰 ………………………………… 688
——の基礎 ………………………… 360, 678
——の指導者 ……………………………… 677
——の道徳的改善 ………………………… 374
——の平和 ………………………… 563, 677
——の（真の）平和的統一 ……………… 405
国家社会 ……………… 32, 123, 446, 637, 639, 658
——の木鐸 ………………………………… 633
国家主義 ……………………… 456, 470, 471, 579
国家神道 ……………………… 318, 368, 373
国家生活 …………………………………… 639
国家総動員法 ……………………………… 675
国家伝統 …………………………… 690, 713
ゴッド ……………………………………… 367
古典 …… 59, 131, 216, 217, 219, 237, 252, 261, 267, 273, 278, 279, 288, 331, 420, 538
言葉の研究 ………………………………… 420
近衛内閣 …………………………………… 674
御名号様 …………………………………… 296
米騒動 ……………………………… 445, 492
鷹神社 ………………………………………… 35
子持湯 ……………………………………… 654
子守学校 ……………………………………… 78
固有神道（古神道、原始的神道）…… 366 ↗ 神道
——の精神 ………………………………… 468
五・四運動 ………………………… 462, 463
困窮者への思いやり ……………………… 305
金光教 ………………………… 367, 368, 369
金神 ………………………………… 367, 369
今日の学問 ………………………………… 638
根本研究所 ………………………………… 554

さ

「西海」…………………………………… 176, 289
災害救援活動 ……………………………… 147
在郷軍人会 ………………………………… 384
最高道徳 ……… 2, 344, 406, 414, 457, 472, 473, 477, 482, 491, 501, 502, 503, 505, 509, 515, 516, 517, 521, 537, 555, 560, 566, 572, 580, 584, 588, 606, 609, 611, 613, 650, 651, 653, 658, 667, 671, 677, 684, 694, 695, 703, 713
——に基づく政治 ………………………… 586
——の核心 ………………………………… 411
——の原理の発見 ………………………… 502
——の精神 ………………………… 558, 639
——の生命 ………………………………… 641
——の五大原理 …………………………… 542
——の実行 ……………… 496, 500, 504, 537, 570, 599, 609, 648
——の内容 ………………………………… 504

——実行者 …………………………………… 628
——実践の格言（一三五項目）………………… 504
——実践の場 ………………………………… 644
——的基盤 …………………………………… 584
——的自己反省 ……………………………… 405
——的実行 …………………………………… 561
——的信念 …………………………………… 642
——的人物（を養成）……………………… 623
——は天地の法則にして無形のもの ……… 672
「最高道徳論」……………………………… 478
最高品性 ……………………… 449, 537, 611, 639, 713
最後の力 ……………………………………… 705
最後の入浴 …………………………………… 708
菜食主義者 …………………………………… 420
財政学 ………………………………… 586, 630
財政学者 ……………………………………… 192
財団法人モラロジー研究所 ………………… 3, 623
➔ モラロジー研究所
財団法人労資協調会 ………………………… 522
済南事件 ……………………………………… 576
財閥 ……………………… 351, 492, 534, 588, 675
——と軍部 …………………………………… 588
——の横暴 …………………………………… 588
裁判所 …………………………… 122, 212, 340, 343
幸倶楽部 ……………………………………… 459
阪谷芳郎の序文 ……………………………… 510
佐賀の乱 ……………………………………… 33
坂本町キリヅミ案内所 ……………………… 611
先物取引 ……………………………………… 565
笹の湯 …………………………… 659, 660, 661
坐禅 …………………………………… 320, 321
雑誌………… 111, 133, 165, 166, 167, 171, 176, 177, 184, 199, 203, 204, 206, 208, 212, 213, 215, 218, 230, 276, 343, 351, 355, 386, 408, 454, 609, 611, 734
薩長土肥 ……………………………… 32,121,
里山辺温泉 ………………………………… 591, 599
三・一事件 …………………………………… 463
山海関 ………………………………………… 341
産業及び経済 ……………………………… 557, 587
産業及び経済組織 …………………………… 516
三教会同 ………………… 383, 384, 385, 451, 726, 732
三国干渉 …………………………………… 211, 228
三国協商 ……………………………………… 442
三国同盟 …………………………………… 442, 676
山上の教訓 …………………………………… 496
酸素吸入 …………………………………… 701, 702
山東半島 ……………………………………… 462
三宝の恩 ……………………………………… 283
参謀本部 ……………………………………… 568
三方よし ……………………………………… 626
三方よしの経営 ……………………………… 612
懺悔 ………… 298, 392, 393, 394, 403, 404, 408, 521

し

慈愛 ………………………………… 306, 336, 389
シーボルト …………………………………… 125
仕入先 ………………………………………… 612
四恩 …………………………………………… 283
史学協会 ……………………………………… 165
『史学普及雑誌』を廃刊 ……………… 165, 177, 230
シカゴ大学 …………………………………… 630
鹿田書店 ……………………… 193, 213, 215, 264
自我没却 …………………………………… 550, 628
自我没却神意実現の自治制 ………………… 642
自我没却の原理 ……………………………… 504
自我を没却 ……………………… 410, 496, 539, 548
事業的 ………………………………………… 627
時局匡救政策 ………………………………… 585
詩吟 …………………………………………… 616
慈眼視衆生 …………………………………… 485
死後 ………………………… 311, 548, 650, 671, 705, 714
死後を託すゲンコツ ………………………… 704
至高道徳 ……………………………………… 363
自己
——の心を修める …………………………… 367
——の精神作用と行為 ……………………… 640
——の全存在を抹殺 ………………………… 393
——の力 …………………………………… 373, 613
——の不徳の致すところ ………………… 404, 413
——を磨くための試練 ……………………… 404
自己反省………… 242, 246, 381, 405, 409, 411, 413, 414, 497, 571, 580
——の教育 …………………………………… 640
——の深まり ………………………………… 398
自己保存の本能 …………………………… 501, 538
自国民保護 …………………………………… 579
自修研学 ……………………………………… 639
侍従長 ……………………………… 495, 581, 588, 729
侍従武官長 …………………………………… 495
自修法 ………………………………………… 640
自主独立 …………………………………… 210, 640
治定 …………………………………………… 394
辞職 ………………… 56, 262, 335, 402, 403, 723, 727
四書五経 …………………………………… 59, 101
自序文〔『道徳科学の論文』〕……………… 572
自序文〔『倭漢比較律疏』〕………………… 194
至誠…… 154, 182, 214, 259, 307, 379, 410, 473, 497, 542, 546, 566, 586, 598, 624, 644, 653, 664, 689
至誠神に通じる ……………………………… 566

至誠慈悲 …… 571, 650, 713
――の精神 …… 542
至誠の人 …… 548
辞世の句 …… 550, 702, 728
自然の法則 …… 139, 254, 258, 367, 496, 572, 712
自然科学 …… 2, 118, 127, 258, 502, 505, 561, 641
――的原理 …… 128
自然環境 …… 644
自然環境、社会環境、遺伝 …… 503
自然力 …… 139, 506
慈善箱 …… 305
思想の改善 …… 315
思想（の）善導 …… 446, 536, 537, 563
士族階級 …… 33
時代錯誤 …… 583
視聴覚教育 …… 540
実学 …… 59, 101, 103, 107, 140, 640
――教育 …… 637, 641
失業者 …… 557, 577
実業家 …… 315, 409, 451, 457, 535, 559, 564
実業界 …… 242, 458, 491, 535
実験心理学 …… 258, 506
〔道徳〕実行の効果 …… 500, 501
実行の書 …… 505
実際家 …… 59, 315, 641
実証主義 …… 185, 476, 525
実践女学校 …… 286
実践性 …… 372, 505
質素倹約 …… 293, 303, 698
質の高い道徳 …… 477
執筆活動 …… 596, 598
七峰館 …… 482
師弟同学 …… 57, 641, 644
斯道会 …… 452, 453, 454, 457, 732
指導法 …… 640
「支那古代親族法の研究」 …… 348, 354, 726
「支那喪服制度の研究」 …… 348, 354
死の宣告 …… 395
慈悲 …… 175, 366, 367, 368, 379, 414, 467, 485, 521, 542, 545, 608, 610, 611, 628, 639, 713
――の精神 …… 414, 469, 471, 542, 548, 580, 713
――の魂を受け取る …… 672
慈悲寛大自己反省 …… 411, 414, 438, 449, 457, 466, 689
「慈悲・建設・幸福」 …… 468
慈悲至誠の心 …… 553
慈悲心 …… 379, 404, 414, 424, 449, 452, 466, 501, 601, 609
自費出版 …… 360
渋川 …… 551
渋の湯温泉 …… 591
詩文 …… 59, 197
斯文会 …… 651
自分の活動する力 …… 373
自分の行為 …… 403
自分の心 …… 68, 390, 393, 399, 404
自分の心づかい …… 397, 505
シベリア …… 463
司法省 …… 342
資本主義 …… 443
志摩国答志村 …… 422
島原 …… 544, 570
斯民会 …… 384, 422
事務官 …… 493, 652
下毛 …… 36, 147
下毛郡 …… 31, 72, 75, 76, 82, 85, 93, 107, 113, 147, 723, 724
下毛郡大幡村 …… 35 ,53
下毛郡全徳村 …… 39
下津井 …… 481
下部温泉 …… 591
下屋形〔村〕 …… 82, 84, 87
社会の改善 …… 503, 504
社会の人々 …… 410, 536, 537
社会の紛争 …… 382
社会の利益 …… 101, 103 ↗ 実学
社会運動家 …… 443
社会学的資料 …… 648
社会教育 …… 1, 2, 167, 458, 532, 551, 622, 638, 646, 658
――活動 …… 514, 529, 540, 542, 552, 562, 569, 603, 626, 649
――機関 …… 532
社会主義 …… 446, 465, 503
社会主義者 …… 443, 445
社会生活 …… 453, 639
社会的事実 …… 504
社会奉仕活動 …… 145, 146, 149, 303
社会問題、思想問題の徹底的解決法 …… 459
釈迦の教え …… 284
借財 …… 532
自由民権運動 …… 60
自由民権思想 …… 118
主意書 …… 113
衆議院議員 …… 261, 459
宗教 …… 2, 137, 173, 240, 243, 311, 316, 317, 318, 320, 321, 332, 365, 366, 367, 368, 369, 372, 398, 422, 423, 432, 456, 466, 500, 505, 509, 518
――及び道徳の研究 …… 456
――（の）研究 …… 316, 317, 319, 487

——への目覚め …… 316
宗教家の応援 …… 384
宗教学 …… 319, 512, 647
宗教学者 …… 424
宗教学会連合会 …… 450
従業員 …… 305, 447, 448, 598, 599, 612
十字架 …… 405
就職や結婚の世話 …… 594
修身 …… 56, 81, 100, 103, 104, 254
修身科 …… 96, 97
——の教材 …… 351
——教科書 …… 96, 101
周代 …… 354, 362
周の元王 …… 58
修訂法律館 …… 342
「重要注意」 …… 650
儒教 …… 66, 98, 175, 253, 284, 320, 376
儒教、仏教、キリスト教 …… 320
粛親王家 …… 343
手工科 …… 89, 90, 91
受講料 …… 564
朱子学 …… 118, 219
衆生の恩 …… 283
衆生済度 …… 37
修善寺温泉 …… 304, 310, 418, 483
出藍の教育 …… 639, 641
出席の努力 …… 390
儒道大会 …… 651
巡回授業 …… 81
純教理 …… 450
純最高道徳 …… 555
純粋正統の学問 …… 555, 623
滋養剤 …… 480
祥雲寺 …… 302
松雲堂 …… 193, 213 ➔ 鹿田書店
生涯学習 …… 2, 637
生涯最大の最高道徳的自己反省 …… 405
生涯の決定的な岐路 …… 398
小学教則 …… 96
商慣習 …… 339
正行寺〔中津〕 …… 37, 38, 605
正行寺〔江戸浅草〕 …… 239, 249
上層階級の教化 …… 458
正倉院 …… 190, 199
将卒 …… 586
浄智寺 …… 320
上棟式 …… 627
浄土真宗 …… 36
正法 …… 546
常任理事国 …… 462
常磐線 …… 622
上賓館 …… 629 ➔ 貴賓館
将来の幸福 …… 389
情理円満 …… 639
上流階級 …… 550
諸恩人 …… 639
諸科学の研究成果 …… 502, 504
書簡 …… 165, 208, 209, 224, 296, 309, 312, 313, 314, 322, 323, 423, 438, 515, 528, 581, 583, 585, 617, 618
女学校 …… 49, 286
女子英学塾 …… 286
女子学習院 …… 241
女子教育 …… 287, 643
「女子教育に対する当研究所の方針」 …… 643
女子工芸学校 …… 286
女子労働者 …… 443
女性の活動 …… 288
助教 …… 51, 52, 54, 67, 86, 87, 295, 723
食堂 …… 376, 629, 630, 642, 644, 689
植物試験所 …… 506
書生 …… 241, 602
自力更生 …… 585, 617, 679
私立学校令 …… 636
「私立神職講習所設立案」 …… 335
死を覚悟 …… 310
仁 …… 253, 653
——の心 …… 64, 254
神意 …… 393
——実現の誓い …… 551
——同化 …… 550, 628
——に同化して天功を助ける …… 367
——に同化する …… 254
清王朝 …… 383
辛亥革命 …… 383
新科学 …… 2, 60, 398, 457, 501, 502, 683, 684
新科学「モラル・サイエンス」 …… 457, 458
新科学モラロジー …… 439, 500, 514, 515, 521, 603, 653
「新科学モラロジー及び最高道徳の特質」 …… 539, 728
進化教育 …… 639
進化論 …… 313, 369, 506, 647
神官 …… 35,70, 164, 216
——の養成 …… 328
神官教導職分離令 …… 365
仁義 …… 97, 98, 175, 649
鍼灸 …… 372
進級試験 …… 640
身口意一致 …… 628

神宮 …… 328, 330, 364, 423, 474, 496
神宮教校助教 …… 295
神宮皇学館 …… ➔ 皇学館
神宮皇学館館長 …… 328
神宮皇学館時代〔廣池千九郎の〕 …… 418, 432
「神宮皇学館における教授方針」 …… 331
神宮司庁 …… 230, 232, 233, 235, 245, 307
「神宮中心国体論」 …… 412
神宮文庫 …… 316
神経衰弱 …… 395, 480, 481, 590
信玄袋 …… 600
信仰 …… 36, 37, 137, 316, 317, 319, 321, 334, 352, 361, 366, 367, 369, 373, 376, 378, 380, 399, 400, 409, 411, 422, 423, 428, 429, 431, 466, 489, 502, 521, 570
信仰心 …… 36, 37, 38
新興宗教 …… 318, 373
清国法制史 …… 343
人材の養成 …… 105, 637, 649
信州 …… 596, 661
進修学館 …… 89, 119, 122, 125, 126, 133, 135
神儒仏 …… 283
神社 …… 35, 37, 53, 180, 188, 189, 213, 365
——と宗教 …… 365
人種差別廃止条項 …… 462
尋常小学校 …… 82, 92, 93, 103, 418
尋常小学校本科正教員学力検定試験 …… 295
尋常中学 …… 328
心身医学 …… 503
人心（の）開発 …… 397, 467, 550, 555, 624, 697
↗開発、救済、人心（の）救済
人心開発救済活動の方向転換 …… 550
人心開発救済の原理 …… 504
人心感化 …… 628
人心（の）救済 …… 368, 369, 379, 381, 382, 394, 396, 403, 409, 410, 481, 497, 500, 537, 543, 548, 566, 606, 613, 627, 650, 659, 672, 695, 696
——の経験 …… 380
——の大目的 …… 409
——の精神 …… 566
人生の目的 …… 389
真正の教育 …… 360
真正の教育家 …… 114
親切心 …… 389
仁川 …… 341, 570
心臓病 …… 393, 727
心臓弁膜症 …… 302
神壇 …… 627, 630, 642, 662, 665, 702
神知 …… 672
清朝 …… 131, 342, 343
神道 …… 175, 240, 318, 320, 365, 366, 367, 368, 369, 432, 450, 468
——の研究 …… 316, 359, 368, 369, 468
——の宗教的側面 …… 366
——の倫理的側面 …… 365
——を三つに分類 …… 366
神道家 …… 329
神道学者 …… 374
神道史 …… 331
——の研究 …… 365
——の講義 …… 372
——の講座 …… 365
神道、儒教、仏教 …… 175, 284
——の思想 …… 284
神道、仏教、キリスト教 …… 384
人道の本末 …… 597
信念を持った研究者 …… 667
真の愛国心 …… 677
真の人類進化の法則 …… 628
真の知識 …… 503
真の道徳 …… 501, 503, 639
神拝 …… 701, 703
神罰 …… 403
神碑 …… 652
神風館 …… 547
神風連の乱 …… 33
神仏 …… 36, 162, 414, 521, 605
——を発見する伏線 …… 321
——混淆 …… 318
神仏分離令 …… 318
新聞記者 …… 301, 426
真理 …… 64, 207, 284, 382, 396, 397, 406, 429, 430, 448, 502, 571, 638, 650
心理学 …… 258,476,503
心理学者 …… 258
人類
——永遠の安心・平和及び幸福実現 …… 648
——究極の目的 …… 470
——進化の法則 …… 628, 678
——全体の幸福と平和実現 …… 482
——の永遠の平和 …… 624
——の幸福 …… 1, 2, 393, 448, 456, 515, 636, 672
——の幸福と現代思想の欠陥 …… 456
——の幸福文化 …… 448, 466, 467
——の生存・発達・安心・平和・幸福 …… 532
——の文化幸福 …… 456
人類愛 …… 140, 487
人類学者 …… 258
人類社会
——永遠の平和 …… 396

——全体における普遍的な価値 …………… 253
——の構成 ……………………………… 503
人類的視野 ……………………………… 584

す

随行者 ………………………… 593, 594, 598, 599
数学 ……………………………………… 640
崇高偉大 ……………………………… 469, 526
枢密顧問官 …………………………… 474, 522
すし久 ………………………………… 495, 544
ストライキ …………………………… 443, 445
ストロング・アーム ………………………… 635
住吉神社での誓い ………………… 209, 212
諏訪 …………………………………… 562, 596

せ

生活全般の指導 ……………………………… 594
政・官界要人への働きかけ ………………… 472
正義と慈悲 ………………………………… 639
清潔の徳 ……………………………… 362, 363
勢山支教会 ………………… 375, 376, 379, 435, 605
政治家 ……… 47, 104, 192, 315, 360, 362, 446, 457,
458, 473, 558, 563, 638, 679
政治学 ………………… 506, 561, 630, 638, 640, 647
正式参拝 ……………………………… 495, 496
政治結社明倫会 ……………………………… 58
「性質痴鈍及び素行不正生徒原因調査書」 …… 93
生死の間を彷徨 ……………………………… 397
生死の境をさまよう ………………… 1, 311, 392
政治法律学部 ……………………………… 623
精神
——、経済、肉体 ………………………… 659
——と経済の病の予防薬 ……………… 659
——と肉体 ………………………………… 658
——の一大覚醒 …………………………… 373
——の修養 ………………………………… 372
——の深化 ………………………………… 573
精神科学 ……………………… 258, 638, 640, 684
——の原理 ………………………………… 638
精神教育 ……………………… 330, 458, 588, 642
精神作用と行為 …………………………… 640
精神生活 ……………………………… 266, 639, 649
精神的基礎学 ……………………………… 639
精神的感化 ………………………………… 375
精神的に人心を救済する ………………… 379
精神文化 ……………………………… 219, 253
聖人 ……… 64, 65, 254, 285, 380, 396, 397, 404, 406,
477, 501, 502, 505, 532, 539, 571, 582, 624, 651,
653, 685
——の教え（教説） ……… 65, 294, 397, 406, 472,
502, 504, 505, 539, 561, 580, 586, 597, 605, 635,
649, 652
——の真の教訓 …………………………… 396
聖人正統 ……………………………… 571, 611
——の教え（教学、教説） …… 521, 633, 650, 658
聖人論 ……………………………………… 253
盛衰、栄枯の原因結果 …………………… 648
生態系 ……………………………………… 572
正統学問研究所 …………………………… 555
正統なる女子教育 ………………………… 643
西南の役 ………………………………… 33, 120
「生物及び人間の生命の連絡に関する研究」 … 506
西洋文明 …………………………………… 33
西洋料理 …………………………………… 689
「精力学社開設案」 ………………… 335, 336
セイント（聖者） ………………………… 539
世界平和の実現 ……………………… 394, 504
世界永遠の平和の基礎 …………………… 409
世界教育大会 ……………………………… 684
世界経済 …………………………………… 444
世界諸宗教に共通一貫する神概念 ……… 367
世界の諸聖人 ……………………………… 2, 380
世界人心の開発 ……………… 397, 555, 624
世界大恐慌 ………………………………… 557
世界大戦 ……………………………… 30, 588
↗ 第一次世界大戦、第二次世界大戦
世界の心の師 ……………………………… 399
世界の真の平和的友好関係 ……………… 405
世界の平和 …… 2, 290, 503, 516, 579, 638, 677, 688
——を実現する教育 ……………………… 639
世界平和 …………… 1, 394, 410, 468, 469, 504, 509,
510, 515, 558, 579, 677, 690
——の唱導者 ……………………………… 404
——の理念 ………………………………… 504
世界平和会議 ……………………………… 629
世間の関心 ………………………………… 408
説教 …………………………………… 317, 333
絶対安静 …………………………………… 481
絶体絶命の状況 …………………………… 395
絶対的な自信 ……………………………… 373
絶対的な神聖 ……………………………… 555
絶対服従 ……………………… 390, 496, 539, 650
絶筆 …………………………………… 706, 707
セルビア …………………………………… 442
先覚者 ……………………………… 356, 532, 555
遷宮 …………………………………… 364, 677
善行寺〔大分市〕 …………………………… 57
善光寺参り …………………………… 299, 725
専攻塾 ……………………… → 道徳科学専攻塾
専攻部 ………………………………… 637, 641

「戦国に題す」……65
潜在的伝統……497, 604
扇城……137, 149, 289
扇城会社……152
扇城学舎……93
全身的神経衰弱……395
全人類
　——協和……678
　——の安心、幸福……396
　——の立場……579
　——を幸福に……397
宣誓文……630
全世界人類の精神の開発……646
「戦線八百キロ」〔映画〕……667
仙台……536
「先代萩」〔歌舞伎〕……405
先天的原因……503
船頭との問答……380
仙人のような生活……545
善の（根本）実質……252, 253, 254
宣命……413
専門学者……394
千両と万両……614
全寮制……2, 629, 636, 641

そ

総合大学構想……623
操行の努力……390
相互扶助の原理……572
雑司ヶ谷墓地……520, 714
蔵書……89, 122, 125, 126, 133, 198, 207, 237, 238, 307, 308, 386, 409, 431
ソウル……462, 522
曽木〔村〕……82
曽木小学校……82, 83
ソクラテスの感化力……406
ソクラテスの最後の教訓……407
ソクラテス、イエス・キリスト、釈迦、孔子及び天照大神……504
ソサイティ……→報恩協会
租借（租借権）……228, 230, 442
祖先……36, 43, 60, 175, 344, 361, 362, 363, 367, 532, 626
祖先崇拝……538
祖宗……60, 284, 319, 473
卒業試験……640
側近の苦労……592
「蘇哲」……290, 481
ソビエト……463
そろばん（ソロバン）……80, 637
尊皇攘夷……32

た

「第一五十鈴河畔の教訓」……496, 728
第一高等学校……318
第一高等中学校教授・国学院講師……168
第一次国共合作……463, 576
第一次山東出兵……576
第一次上海事変……577
第一次世界大戦（第一次大戦）……442, 444, 445, 462, 463, 465, 470, 492, 524, 677
第一回メーデー……445
大学教育……638
大学の構想……636
大艦巨砲主義……463
大教宣布の詔……318
大講堂……627, 629, 630, 632, 635, 642, 652, 679, 689, 712
醍醐寺三宝院の寺誌編纂……185, 220
大器晩成……646
大義名分……170, 175, 182, 189, 192, 362, 639, 686, 687, 713
大義名分論……65,66
「大義名分の教育」……689
体系化……267, 414
大悟……397, 407, 411
第三高等学校……163, 208, 455
大乗……284
大正館……603
大正元年の大患……392, 412, 497, 520, 546, 590
大勝山……622, 714
大正デモクラシー……445
大正四年の困難……497
大正四年の困厄……401, 411, 412
大臣以上の仕事……423
大審院判事……342
大政奉還……30
大道……254, 318, 360, 362, 363, 639
体得……377, 379, 380, 381, 411, 412, 414, 466, 478, 496, 597, 639, 658, 682
大楠公……568
「第二五十鈴河畔の教訓」……571, 729
第二講堂……629
第二次大隈内閣……261
第二次国共合作……674
第二次西園寺内閣……384
第二次世界大戦……99, 575, 667, 674, 676
大日本教育会……116
大病……1, 87, 256, 291, 301, 310, 311, 314, 316, 317, 320, 321, 349, 396, 409, 481, 543, 551, 598,

726, 728
タイプライター ………………………………… 641
戴法部尚書 ………………………………………… 343
大宝令 …………………………… 265, 268, 269, 270, 726
「大宝令」のドイツ語訳 ……………………… 268
台北帝国大学 ……………………………………… 331
大毎講演会 …………………………………… 561, 562
大連 ………………………………………… 228, 229, 341
第六高等学校 ……………………………………… 428
大を以て小に事うること ……………………… 497
高瀬（小学校）………………………………… 85, 86
高橋旅館 ……………………………………… 482, 671
滝の湯温泉 ………………………………………… 591
卓越せる精神的感化 …………………………… 375
田沢温泉 …………………………………… 596, 654, 661
正しい軍隊教育 …………………………………… 580
建物の建設 ………………………………………… 627
建物の配置 ………………………………………… 627
館山 ………………………………………………… 237
谷川 ………… 616, 644, 660, 665, 666, 668, 669, 672,
691, 701, 702, 704, 730
谷川温泉 ……………… 592, 658, 659, 661, 700, 702
谷川講堂 ………… 657, 658, 661, 662, 664, 677, 730
谷川第一回幹部講習会 ………………………… 666
谷川浴場の賦 ……………………………………… 665
谷川（の）麗澤館……………………………… 662, 701
魂 ……………… 3, 321, 379, 672, 685, 700, 714, 734
玉造温泉 …………………………………………… 544
玉出工業協和会 ………………………… 536, 562, 728
玉出第三小学校 …………………………………… 563
たまりや …………………………………………… 596
弾圧 ………………………………………………… 374
団結権 ………………………………………… 443, 444
男女共学 …………………………………… 2, 636, 642
男女平等 …………………………………………… 642
単身赴任 ………………………… 106, 303, 329, 418, 421

ち

治安警察法 ………………………………………… 443
チェコスロヴァキア …………………………… 676
誓い（誓う）…… 2, 69, 106, 149, 209, 211, 212, 214,
242, 393, 396, 397, 410, 665, 671, 713, 723, 725
知覚神経の衰弱 …………………………………… 481
地球環境 …………………………………………… 572
父と同じ立場 ……………………………………… 424
父の偉業 …………………………………………… 697
父のいない家庭 …………………………………… 423
父の慈悲心 ………………………………………… 424
秩父宮 ……………………………………………… 493
知的教育 …………………………………………… 330
知徳一体 ……………………………… 2, 571, 631, 639
千葉県知事 ………………………………………… 632
チフス ……………………………………………… 302
地方改良運動 ……………………………………… 384
地方自治 …………………………………………… 339
チャプレン ………………………………………… 642
チャペル …………………………………………… 642
治癒 …………………………………………… 378, 647
忠愛会 ……………………………………………… 303
中央教育審議会 …………………………………… 522
中央政教社 ………………………………………… 243
中華民国 …………………………………………… 383
——大使 …………………………………………… 652
忠君愛国思想 ……………………………………… 578
忠孝 ………………………………………… 97, 98, 362
中国 …… 62, 121, 131, 174, 192, 193, 214, 228, 234,
253, 264, 265, 267, 273, 274, 282, 338, 339, 340,
344, 354, 355, 362, 383, 418, 442, 462, 463, 476,
538, 557, 576, 577, 582, 583, 584, 652, 674
——共産党 ………………………………………… 463
——の親族法 ……………………………………… 354
中国語 ……………………………… 237, 238, 275, 279
中国古代における「法」と「律」 ……………… 253
中国人民 …………………………………………… 678
中国人留学生 ………………………………… 276, 335
「中国人のための日本語学習塾設立案」……… 335
中国（調査）旅行……… 337, 338, 343, 360, 365, 726
「中国における文字教授法視察報告書」……… 344
中国法系 …………………………………………… 254
中小工業家と商業家 …………………………… 557
中小企業 …………………………………………… 550
忠誠 ………………………………………… 524, 586, 686
中正・平均 …………………………………… 252, 253
忠道 ………………………………………………… 362
注入主義 ……………………………………… 101, 640
中流の商工業家 …………………………………… 588
聴講者 …………… 456, 534, 564, 565, 567, 569, 570
長時間労働 ………………………………………… 443
聴衆 ………… 450, 458, 536, 561, 597, 635, 636, 689
朝鮮 ……………………… 175, 210, 211, 228, 229, 383
朝鮮総督 ……………………………………… 679, 728
提灯行列 …………………………………………… 315
頂妙寺妙雲院（妙雲院）………… 204, 218, 230, 725
調和的 ………………………………………… 572, 685
治療 …………… 51, 62, 377, 395, 480, 482, 590, 654
賃金労働者 ………………………………………… 443
青島 ………………………………………………… 442

つ

追加文 ………………………………………… 572, 573

追悼講演 …… 401, 402, 409
築地活版所 …… 479
月島丸 …… 298
対馬藩主 …… 630
津田塾大学 …… 286
鶴居村 …… 31, 155, 723
鶴亀の間 …… 631

て

帝国学士院 …… 248, 494
低賃金 …… 443
手紙の代筆 …… 594
テキスト …… 538, 542, 564
哲学 …… 2, 208, 257, 332, 478, 505, 512, 623, 630
哲学者 …… 258, 363, 508, 559
哲学博士 …… 630
手伝いの人々 …… 569
鉄道院総裁 …… 451
手荷物 …… 593
デフレーション …… 557
テミス（ギリシアの法律の神）の銅像 …… 526
デモクラシー運動 …… 445
天下の名湯 …… 661
天から受ける報い …… 580
天からの借り物 …… 390
転換 …… 128, 143, 396, 550
転機 …… 1, 223, 550
天啓 …… 399, 403, 451
天子 …… 214, 254, 655, 656
天爵 …… 308, 490, 494, 642
天津 …… 341
天祖の
――意思 …… 678
――岩戸籠り …… 413
――ご聖徳 …… 411, 413
――真精神 …… 412
――大詔 …… 361
――明徳 …… 412
――御心 …… 413
天地自然の真理 …… 548
天地の
――公法則 …… 60
――ことわり …… 198
――根幹 …… 290
――大道 …… 254
――公道 …… 539
――法則 …… 611, 641, 672, 678
転地療養 …… 591
天道 …… 175, 252, 253, 254, 586
――の思想 …… 253
――の加護 …… 586
伝統 …… 37, 120, 123, 201, 219, 379, 513, 642
伝統館 …… 628
伝統祭 …… 561
伝統尊重の原理 …… 504
伝統中心の精神 …… 651
伝統的
――医学 …… 219
――な学問 …… 118
――な精神文化 …… 219, 253
――（な）文化 …… 59, 132, 189
伝統の原理 …… 639, 705
伝統文化 …… 219
伝統を尊重 …… 690
天皇 …… 36, 65, 133, 181, 183, 284, 319, 361, 362, 425, 675
天皇中心の国体論 …… 319
天皇陛下 …… 425, 581, 688
天皇（陛下）の詔 …… 183, 583
天保義社 …… 49
天命 …… 254, 395
天理王の命 …… 367
天理教 …… 353, 367, 368, 372, 373, 374, 375, 376, 385, 386, 387, 388, 398, 399, 400, 402, 408, 409, 422, 490, 726, 727
天理教から受けた恩義 …… 385
天理教祖 …… 405, 451
天理教会 …… 376, 401
天理教信者 …… 375
天理教（に）入信 …… 334, 372, 376, 387, 726
天理教（の）教育顧問 …… 406, 727
天理教（の）本部 …… 352, 372, 385, 400, 408, 409, 414, 427, 431, 605
天理教の
――教理 …… 372, 383, 387, 452
――信仰 …… 428, 429, 489
――研究 …… 372
――純教理 …… 450
――信念 …… 403
――大祭 …… 433
天理中学 …… 387, 431
天理中学生徒への別れのあいさつ …… 402
「天理中学生徒の訓育に関する希望」 …… 388
「天理中学生徒の心得に関する訓論」 …… 388
天理中学（の）校長 …… 385, 387, 388, 402, 624, 727

と

ドイツ語 …… 127, 170, 205, 206, 268, 269, 270, 274, 630, 641
ドイツ帝国 …… 330

「東亜新秩序建設の方針」…………………………674
東海道線 ……………………………………162, 483
統監府 ………………………………………269, 383
（東京地方）第一回講習会 ……………492, 566, 729
東京衛生試験所 ……………………………………669
東京音楽学校 ………………………………………239
東京外国語学校 ……………………………………512
東京学士会院 ………………………………………232
東京見物 ……………………………………299, 300, 725
東京講堂 ……………………………………561, 566, 729
東京市養育院 ………………………………303, 306
東京商業会議所 ……………………………………338
東京商船学校 ………………………………………298
東京専門学校 ………………………………………260
東京大学史料編纂所 ………………………………234
東京帝国大学 ………………………………118, 129, 142
——教授 ……… 168, 169, 207, 255, 275, 342, 451, 479, 522, 567
——図書館 ……………………………………………234
——法理研究会 ………………………………………348
東京帝国図書館 ……………………………234, 238
東京遊学計画 ……………………………………60, 134
塘沽 ……………………………………………………341
東西文明の調和 ……………………………………260
謄写版（印刷）………………479, 521, 592, 602, 728
「東照公大坂を攻める伝を読む」 …………………65
統制派 …………………………………………………675
闘争的手段 ……………………………………………580
湯治 ………………………………………………51, 419
同志社大学 …………………………184, 266, 355, 488
闘争主義 ………………………………………………579
道徳科学 …………60, 357, 398, 476, 477, 507, 633, 638, 639, 683, 697, 727
道徳科学（モラロジー）研究所 …………507, 518, 554, 606, 622, 623, 631, 646, 686
道徳科学専攻塾…………2, 424, 607, 622, 623, 636, 651, 652, 711, 712, 729
『道徳科学の論文』
——（の、を）執筆 … 477, 482, 483, 485, 592, 671
——の英訳 ………………………………514, 543
——の改訂 ……………………………………………506
——の概略 ……………………………………………502
——の完成報告と感謝報恩 ………………………495
——の献本 …………………………………493, 728
——の出版 …… 489, 493, 495, 508, 512, 518, 554
——の脱稿 ……………………………………………555
——の特色 ……………………………………………504
——の評価 ……………………………………………507
道徳教育 ……………96, 97, 98, 99, 467, 501, 637
道徳原理 ……………………………………501, 649
道徳思想 ……………………………………253, 476
道徳心 ……………38, 111, 378, 447, 509, 537, 612
道徳生活 ………………………………………………582
道徳性の涵養 …………………………………………638
道徳的教訓 ……………………………………………186
道徳と経済 …………………………………611, 648
道徳に基づいた正しい価値観 ……………………453
道徳の科学的研究 …………266, 414, 456, 476, 501, 503, 630
道徳の系統 ……………………………………………501
道徳の師 ………………………………………………259
道徳を基盤とした経済学 …………………………648
闘病生活 ………………………………………………480
東福寺 …………………………………………………302
「東洋憲法史」…………………………………………268
東洋史学者 …………………………………260, 339
東洋文化の母体 ………………………………………253
東洋法制史 …………1, 255, 257, 260, 262,267, 272, 333, 355, 356, 385, 487, 725
東洋法制史家 ………………………………267, 398
東洋法制史の講座 ……………………………………385
東洋法制史（の）研究 ………57, 193, 225, 238, 267, 272, 275, 276, 339, 394, 724
「東洋法制史総論」……………………………………267
東洋紡績 ………………………………………………449
東莱（府）……………………………………340, 341
通れぬ日 ………………………………………………372
徳育 ………………………………91, 283, 505, 641
徳の累積 …………………………………………………37
徳を積む ………………………………………………677
独ソ戦争 ………………………………………………676
独立運動 ………………………………………………462
独立自由 ………………………………………………532
徳行 …………………………………………………40, 200
篤志家 …………………………………………………650
毒杯 ……………………………………………405, 406
匿名で援助 ……………………………………………489
「渡清調査報告書」……………………………………344
塗炭の苦しみ …………………………………………584
栃尾又温泉 ………………547, 550, 552, 555, 728
栃尾又の大患 ………………………………543, 551
巴組肥後又廻漕店 ……………………………………491

な

内宮 ……………………………………………………334
内国通運 ………………………………………………491
内臓神経疾患 …………………………………………480
内務卿 …………………………………………………216
内務省 ……………328, 329, 384, 402, 422, 451, 524
直江津 …………………………………………………547

永添小学校 ……………42, 44, 51, 56, 86, 146, 723
中津 …… 1, 31, 32, 33, 36, 39, 47, 49, 50, 51, 60, 61, 85, 93, 108, 118, 119, 120, 121, 122, 123, 132, 133, 135, 136, 137, 138, 139, 142, 146, 147, 150, 151, 152, 155, 162, 166, 168, 170, 176, 180, 196, 206, 216, 289, 292, 296, 302, 434, 447, 520, 523, 590, 605,719, 725, 731
中津の生家 ……………………………………… 419
中津簡易学校 ………………………………… 92
「中津簡易学校整理大略予案」 ……………… 93
中津高等小学校………… 82, 89, 111, 125, 147, 149, 150, 724
中津市校 ……… 32, 48, 49, 50, 52, 93, 122, 123, 723
中津藩 …………………… 32, 49, 53, 119, 125, 302
名古屋開発 ……………………………………… 562
名古屋学術大講演会 ………………………… 455
梨本宮 …………………………………………… 493
ナチス …………………………………………… 676
成金 ……………………………………… 444, 492
成田 ……………………………… 414, 481, 489, 490
なるよう、行くよう、自然に時節を待つ …… 400
南京 ……………………………… 383, 434, 674
南江堂書店 ……………………………………… 274
「楠公の碑銘」 ……………………………… 65
難病人 …………………………………………… 378
難病の患者 ……………………………………… 378
南米 ……………………………………………… 582

に

肉親の父母以上の心 ……………………………… 641
肉声 ……………………………………… 540, 542
肉体の違和 ……………………………………… 382
憎むという心 ………………………………… 389
ニコライ堂 ……………………………………… 317
「二十世紀における教育」……………………… 684
西屋形〔村〕 ……………………………………… 82
二十一か条の要求 ……………………………… 442
二十年の延命祈願 ……………………………… 396
二十年来の功労 ………………………………… 422
二・二六事件 ………………………… 675, 681
日英同盟 ……………………………… 229, 442
日独伊三国同盟 ………………………………… 676
日独防共協定 …………………………………… 676
日米関係 ……………………………… 463, 576
日米戦争の防止 ………………………………… 579
日露戦争 ………… 31, 228, 229, 315, 383, 384, 442, 443, 453, 463, 582
日韓協約 ………………………………………… 383
日韓併合 ……………………………… 383, 462
日進月歩 ……………………………… 507, 647
日清戦争 …… 31, 187, 209, 211, 212, 228, 315, 443
日鮮修好条約 …………………………………… 210
「新田義貞の碑銘」 …………………………… 65
日中関係 ……………………………… 340, 464
日中戦争 ……………………………… 674, 700
新渡戸稲造の序文 ……………………………… 507
新渡戸の慰霊祭 ………………………………… 561
二宮神社 ………………………………………… 424
二〇三高地（旅順）……………………………… 229
日本海員掖済会 ………………………………… 449
日本海海戦 ……………………………………… 229
日本銀行総裁 …………………………………… 459
日本経済 ……………………………… 444, 558
日本経済史学 …………………………………… 260
日本憲法の淵源 ………………………………… 466
日本語 ……… 208, 209, 275, 277, 278, 279, 379, 532
――の誠 ……………………………379 ↗ 誠
「日本語学習塾」………………………………… 335
日本工業倶楽部 ……………………… 534, 535
「日本国体の史的考察と将来の警戒」………… 687
日本国内の開発 ………………………………… 550
日本古典文学 …………………………………… 279
「日本女子勢力史の一節」……………………… 288
日本女子大学校 ……………………… 286, 451
日本人の精神的復興 …………………………… 334
日本赤十字病院三重支部 ……………………… 394
日本通運 ………………………………………… 491
日本の皇室 ………………………………… ↗ 皇室
日本の国体 ………………………………… ↗ 国体
日本の資本主義 ………………………………… 443
日本の律令学 …………………………………… 265
「日本法制史大宝令の研究」…………………… 268
入学資格 ………………………………………… 637
入学試験 ……………………………… 56, 66, 640
入浴の世話 ……………………………………… 594
人間実生活の大法則 …………………………… 649
人間社会の正義 ……………………… 381, 382
人間生活のあり方 ……………………………… 503
人間存在を成り立たせている諸条件 ………… 503
人間としての最大の悲惨 ……………………… 396
人間の行うべき大道 …………………………… 639
人間の活動 ……………………………………… 572
人間の精神の力 ………………………………… 398
人間の品位 ………………………………… → 品性
人間の本性 ……………………………………… 284
「人間の利己心」……………………… 578, 579
「人間は一代にして徳を成就するを得ず」 …… 37
仁和寺 …………………………………………… 283

ね

年輩者の講話 …… 644

の

農学 …… 623
農家の疲弊 …… 557
農民の土地所有の観念に関する調査 …… 340
「のり」の語義 …… 253
乗合自動車 …… 610
祝詞奏上 …… 632

は

ハーロー …… 642
排外思想 …… 678
排日行為 …… 557
廃藩置県 …… 30, 32, 125, 136, 137
廃仏毀釈 …… 318
〔廣池千九郎〕博士の人格 …… 488, 633, 636, 691
博多 …… 544
萩の乱 …… 33
ハクキンカイロ …… 484, 590
博士号の取得 …… 347 ↗学位取得
博士論文 …… 339, 348, 349, 352, 418
畑毛温泉 …… 419, 480, 482, 483, 523, 590, 591, 602, 661, 668, 669, 728, 730
八・八艦隊 …… 463
八面玲瓏 …… 363, 586, 628, 631
八面玲瓏の間 …… 606, 631
発汗 …… 236, 543, 544, 545, 548, 590, 591, 594, 666, 702
発見 …… 133, 181, 183, 256, 321, 344, 433, 477, 497, 500, 502, 649
発熱 …… 310, 311, 393, 423, 481, 590, 672
花見 …… 297
パブリック・スクール …… 641
ハリストス教会 …… 320
藩校進修学館 …… ➔ 進修学館
反国家的思想 …… 691
判事 …… 212, 342
反省 …… 2, 43, 77, 97, 214, 215, 238, 241, 334, 372, 392, 399, 400, 404, 405, 487, 579, 640, 678
藩籍奉還 …… 30
藩閥 …… 351
伴侶 …… 696
万感の期待 …… 705
「晩鐘」(ミレー) …… 614, 615
万世一系 …… 280, 281, 319, 344, 360, 361, 362, 411, 648, 652
万物を育成する …… 628
万邦協和 …… 678

ひ

柊家 …… 681
比叡山延暦寺 …… 185, 725
比較法学 …… 257
東葛飾郡 …… 622
東伏見宮 …… 455
東屋形〔村〕 …… 82
悲願 …… 284, 384, 592
罷業権 …… 443
低い、やさしい、ていねいな心 …… 569
英彦山 …… 87, 88
被災者救助の功 …… 305
非常手段 …… 580
樋田(村) …… 81, 82, 84, 87, 724
「秀吉と家康との優劣論」 …… 65
一松家 …… 41
人の心 …… 414, 473, 486, 714
人の心を研究 …… 332
人を感化する …… 406
人を助ける立場 …… 378
非難中傷 …… 404
「日孜孜」 …… 655, 713
日比谷焼き打ち事件 …… 230
皮膚神経衰弱症 …… 590
百世の師 …… 526
病気治療 …… 482
病気との闘い …… 597
病気を治すよう求められた …… 377
病状 …… 248, 296, 310, 311, 338, 392, 394, 395, 481, 543, 544, 548, 549, 666, 700, 701
病魔 …… 62, 394, 659
廣池学園 …… 266, 615, 623
「廣池先生の研究の世界的意義」 …… 559
「廣池千九郎のモラロジー繁盛記」 …… 569
廣池の蚕種 …… 108
品性 …… 200, 449, 481, 526, 587, 611, 634, 665
品性(の、を)向上 …… 504, 612, 638, 650
品性陶冶 …… 641
品性完成 …… 449, 713
品性完成の科学 …… 504

ふ

ファシスト党 …… 676
夫婦の愛と苦しみ …… 421
夫婦の試練 …… 417
富岳荘 …… 668, 669, 670, 671, 672, 730
武漢 …… 383
不朽の道 …… 546
普及活動 …… 459, 543, 565
普及方針 …… 537

不況 …… 444, 554, 558, 564, 585
福岡ソサイティ …… 562
復讐心 …… 578
福田会 …… 304, 305
福禄寿 …… 694, 695
不景気 …… 516, 557, 561, 569, 577, 587, 647
不敬事件 …… 318
釜山 …… 340, 341
富士瓦斯紡績会社 …… 447, 449, 522
藤田組 …… 557
富士見荘 …… 670
伏見宮 …… 493
豊州学館 …… 92
付帯調査事項 …… 340
二つの柱 …… 639
二見今一色での体験 …… ➔ 今一色、誠の体験
二見が浦の今一色 …… ➔ 今一色
普通選挙 …… 445
普通道徳 …… 477, 501, 503, 504
復活祭 …… 320
不動産法 …… 340
不道徳 …… 466, 580, 612
不撓不屈 …… 651
不平等条約 …… 31, 384
普遍性 …… 253, 369, 505
父母の恩 …… 283
フランス語 …… 127, 641
物価騰貴 …… 444
仏教 …… 37, 118, 123, 174, 175, 239, 283, 284, 285, 317, 318, 319, 320, 367, 384, 500
仏教、キリスト教 …… 317, 318, 319, 500
仏教界 …… 318
仏教学者 …… 450
仏教書 …… 207
仏教部門の原稿 …… 316
物質的な救助 …… 379
物質的な治療 …… 395
物質文明の発達 …… 330
仏種 …… 284
仏像 …… 318
仏法僧の恩 …… 283
普蘭店 …… 341
プロシア帝国（ドイツ） …… 462
プロ・デューティ・ソサイティ …… ➔ 報恩協会
プロレタリア …… 588
文化と教育 …… 32
文化教育 …… 678
文学博士 …… 232, 275, 309, 335, 363, 451, 455
「文学博士佐藤誠実先生小伝」 …… 239, 240
文学普及会 …… 243, 289
文治政策 …… 679
文明開化 …… 50, 97, 127, 187, 216
文法研究 …… 278, 279

へ

平安時代 …… 289
平和論 …… 468
平和 …… 290, 315, 320, 405, 466, 467, 468, 469, 471, 472, 509, 516, 532, 535, 563, 579, 580, 581, 582, 583, 584, 650, 658, 677, 678, 679, 683, 700, 729
平和愛好者 …… 683, 688
平和外交 …… 679
平和への提言 …… 2, 535, 679, 681, 687
平和を唱道する世界の開祖 …… 406
平和思想 …… 468, 576
平和実現 …… 396, 471, 472, 474, 482, 504, 505, 506, 509, 515, 516, 534, 558, 578, 579, 584, 624, 636, 638, 639, 678, 679, 690, 729
「平和実現の専門学」 …… 504
別科 …… 50, 622, 629, 632, 636, 637, 643
別科生 …… 630, 642, 644, 645, 694, 712
別所温泉 …… 601
紅療法 …… 480
ヴェルサイユ条約 …… 462
ベルリン大学 …… 268
弁明 …… 404
扁額 …… 631, 642
編修員 …… 218, 230, 232, 233, 234, 235, 240, 241, 248, 287, 293, 725
変則な指導 …… 389
編入学 …… 48, 723
便利堂 …… 166, 176

ほ

ポーツマス条約 …… 229
ポーランド …… 139, 676
「法」 …… 252, 253
法会 …… 316
貿易商 …… 522
貿易商品 …… 634
貿易見本館 …… 634
貿易論 …… 630
報恩 …… 37, 164, 200, 244, 307, 495, 496, 538, 566, 639, 712, 714
報恩協会 …… 532, 534, 551, 558, 562, 570, 697, 698, 728
報恩の道 …… 712
法学者 …… 260, 265
法学博士 …… 1, 89, 261, 269, 335, 350, 356, 397, 433, 451, 522, 556, 593, 727

俸給 …… 53, 111, 234, 293, 303, 329
方言 …… 420
方向転換 …… 550
奉仕活動 …… 146, 149, 303, 637, 644
法制 …… 255, 273, 331, 343, 385
法制史（の）研究 …… 144, 191, 193, 251, 267, 272, 273, 348, 356, 357, 506
法制史家 …… 265, 267, 268, 398
「法制史総論」 …… 268
「法典編纂史」 …… 268
報徳会 …… 384
「鵬南」 …… 288, 289
忘年会 …… 294
方便品 …… 284
「方法的基礎学」 …… 639, 641
法理研究会 …… 259, 348, 524, 525
法律 …… 72, 93, 98, 191, 192, 193, 205, 206, 214, 243, 252, 253, 255, 256, 258, 264, 265, 270, 280, 298, 232, 332, 342, 343, 406, 420, 452, 466, 500, 503, 526, 580
法律家 …… 315
法律学 …… 1, 192, 193, 257, 258, 348, 506, 507, 561, 638, 640, 648, 649
法律学者 …… 192, 193, 342
「法律五大族の説」 …… 192
法律大臣 …… 343
北清事変 …… 228, 229
北伐 …… 576
北海道 …… 41, 298, 443, 455, 592
法華寺 …… 44
北方軍閥 …… 463
仏 …… 37, 214, 296, 298, 321, 367
仏坂 …… 84, 85
ホワイト・ハウス …… 552
本科 …… 50, 295, 301, 328, 622, 629, 636, 637
本科生 …… 628, 630, 632, 642, 643, 645, 646, 694, 712,
本島 …… 481
本能・知識・道徳 …… 503
翻訳作業 …… 512
本来堂活版所 …… 176
簿記 …… 637, 641
牧師 …… 514, 642
母国語 …… 641
戊申詔書 …… 318, 374, 384
戊申詔書講演会 …… 374
菩提寺 …… 302

ま

誠という言葉の真髄 …… 379
誠の意味 …… 380, 496
誠の人 …… 549, 550, 613
誠のほんとうの意味 …… 378
誠一字 …… 486
誠の心 …… 254, 377, 451
誠の体験 …… 376, 377, 380
マスコミ …… 170, 410
増富温泉 …… 591
万田小学校 …… 83, 85, 86, 87, 89, 724
松井田駅 …… 610
松江開発 …… 562
松尾神社 …… 46, 47
マッサージ …… 594
末梢神経 …… 484, 590
松屋 …… 483
マルクスによる経済学 …… 648
「万巻」 …… 198, 294, 710
満州 …… 229, 383, 557, 577
満州事変 …… 2, 557, 558, 577, 674, 675, 683
満鉄 …… ➔ 南満州鉄道株式会社
「万両の間」 …… 631

み

三重紡績会社 …… 446
見畏み …… 413
三朝温泉 …… 544
三島駅 …… 483
禊教 …… 368, 369
弥陀 …… 296, 521
三井呉服店 …… 338
三越 …… 338, 448
三つの努力 …… 390
三つの標準 …… 705
三つの病 …… 659
水上 …… 658, 668, 699
南中国 …… 581, 582, 583
南満州鉄道株式会社 …… 383, 385
耳の病 …… 62
宮津ソサイティ …… 562
宮永村の大火 …… 148, 724
民衆の力 …… 651
民主主義 …… 3, 465
民族主義 …… 678
民法 …… 339
民法上の各種慣習 …… 340
民本主義 …… 445

む

無韻之詩 …… 545, 546
無冠の帝王 …… 652

無窮会 …………………………………………… 308
武蔵温泉 …………………………………………… 544
無党無偏 …………………………………………… 628
無党無偏天道平平 ………………………………… 642

め

名士 ……………… 256, 454, 458, 459, 583, 660, 679
明治維新 ………… 30, 31, 65, 66, 97, 118, 121, 137,
150, 173, 201, 219, 228
明治運送 …………………………………………… 491
明治三十七年の大病 ……………………… 310, 317, 320
明治時代 ……………………… 31, 103, 138, 185, 476
明治政府 ……………………… 231, 368, 373, 374
明治政府の宗教政策 ……………………… 317, 318
明治大学 …………………………………………… 455
明治大学教授 ……………………………………… 342
明治天皇大喪記念 ………………………………… 425
明治天皇の御製 …………………………………… 473
明治天皇崩御 ……………………………………… 424
銘仙の着物・丹前 ………………………………… 604
明徳中学校〔曲阜〕……………………………… 653
名利 ………………………………… 429, 458, 546
名利を捨て、陰徳を積む ………………………… 667
明六社 …………………………………… 118, 127
メーデー …………………………………………… 445
珍しい菓子 ………………………………………… 299
メロン ……………………………………………… 597
面会謝絶 …………………………………………… 481

も

蒙古 ………………………………………………… 582
黙して退く ……………………………… 404, 405
「モス」(mos) ………………………………… 479
本居門下十哲 ……………………………………… 119
モラル・サイエンス …………… 398, 414, 457, 458,
476, 477, 487, 492, 517, 679, 727, 728
——(の、を)普及 ……………………… 458, 459, 472
——の研究 ……………………………… 266, 477
——の萌芽 ………………………………………… 414
「モラル・サイエンス研究所設立の趣旨」 …… 516
モラル・サイエンスからモラロジーへ ……… 476
「モラル・サイエンスと国民道徳」…………… 456
モラロジー ……… 1, 2, 344, 379, 488, 500, 501, 502,
505, 507, 515, 516, 521, 532, 533, 535, 537, 542,
555, 561, 570, 571, 572, 584, 598, 603, 609, 625,
630, 634, 637, 639, 646, 647, 658, 659, 665, 666,
671, 680, 681, 682, 685, 686, 687, 689, 695, 696,
705, 706, 729
——講習会 ……………………… 492, 568, 625, 729
——最初の著書 ……………………… 494, 517, 603
——形成過程の功労者 …………………………… 489
——創建 ……………………………… 490, 496, 653
——活動 ……………………………… 531, 553, 562
——(の)教育 ……… 496, 537, 556, 561, 637, 641
——教育学 ……………………………… 507, 648
——経済 ……………………………………………… 563
——経済学 ……………………………… 507, 648
——(の)研究 ……………………… 500, 622, 646
——政治 ……………………………………………… 563
——専攻塾 …………………………………………… 624
——団体 ……………………… 562, 564, 570, 626
——法律学 ……………………… 507, 648, 649
——という学術語 ……………………… 477, 479, 728
——という学問 ……………………………………… 564
——に基づく教育 …………………………………… 587
——に基づく人心開発救済活動 ………………… 550
——に基づく学校教育と社会教育 ……………… 646
——による学校教育 ………………………………… 587
——による産業経営法 ……………………………… 554
——による(—の)社会教育 ……… 514, 551, 603
——の会員 ……………………………… 632, 634
——の学説 …………………………………………… 543
——のめざすもの …………………………………… 500
——の開発(救済)活動 …………… 592, 599, 650
——の概論 …………………………………………… 641
——の基礎 …………………………………………… 624
——の原典 …………………………………………… 706
——の(根本)原理 ……………………… 517, 640
——の最初の門人 …………………………………… 478
——の父 ……………………………… 694, 703, 705
——の定義 ……………………………… 501, 503
——の天から受けた大使命 ……………………… 650
——の特色 …………………………………………… 504
——の母 ……………………………………………… 490
——の普及 …………………… 533, 536, 543, 565, 596
——の理解者 ……………………… 495, 511, 637
——の流布 …………………………………………… 515
——は品性完成の科学 ……………………………… 504
モラロジー研究所 ……… 3, 266, 516, 517, 551, 554,
555, 623, 661
——の創立日 ……………………… 517, 555, 728
「モラロジー研究所規則の大綱」……………… 555
「モラロジー研究所及びモラロジー・アカデミー
の性質ならびに組織」…………………………… 517
「モラロジー根本研究所憲法」………………… 554
「モラロジー大学設立具体案大要」…………… 623
「モラロジー大学設立の目的」………………… 638
「モラロジー大学設立の理由書」……………… 623
「モラロジー大学の性質及び組織」…………… 623
「モラロジーと最高道徳」……………………… 536

「森蘭丸論」 …… 65
門人 …… 58, 215, 478, 484, 496, 535, 544, 558, 560, 564, 568, 596, 598, 599, 600, 603, 604, 605, 613, 623, 626, 627, 635, 650, 661, 663, 666, 670, 671, 677, 686, 694, 695, 696, 697, 698, 703, 711, 712, 713
門弟 …… 196, 266, 281, 478, 495, 553
文部省 …… 92, 232, 234, 236, 239, 240, 243, 245, 307, 330, 634,
「文部省第十五年報」 …… 112
文部大臣 …… 248, 261, 344, 345, 350, 632, 683, 729, 730

や

夜間学校 …… 78, 79, 81, 82, 86
——(の、を)設立 …… 77, 106, 624, 724
焼塩 …… 481
八坂神社宮司 …… 364
耶蘇教 …… 317
耶馬溪 …… 76
大和民族 …… 582

ゆ

遺言(遺言状) …… 481, 705, 711
友愛会 …… 444, 445
幽玄の境 …… 701
宥座の器 …… 613
湯島聖堂 …… 651
柞原八幡宮 …… 69, 70, 106, 723

よ

養育院 …… 299, 303, 304, 305, 306
洋行 …… 543
養蚕 …… 36, 59, 101, 102, 107, 108, 146, 147, 150, 151
用地の選定 …… 625
養徳院 …… 388
陽明学 …… 197
養老律令 …… 268
「予が信仰」 …… 368
横川駅 …… 610
横浜ソサイティ …… 544, 562
米屋のようかん …… 489
「頼朝伝を読む」 …… 65

ら

来迎寺 …… 57
「頼山陽の讃」 …… 65
落語 …… 615
ラグビー …… 642
楽焼 …… 490, 603
ラジウム …… 669

り

リーダーの養成 …… 553
陸軍 …… 675
陸軍大学校長 …… 686
利己心 …… 565, 578, 579, 638
利己的 …… 242, 397
——精神 …… 639
——本能 …… 258, 449, 561, 565, 566, 582, 648
——欲望 …… 587
理性 …… 639
「律」 …… 252, 253 ↗「法」
立憲改進党 …… 260
リットンを団長とする調査団 …… 577
立派な教授 …… 627
立派な文献 …… 627
律令 …… 265, 266
律令学、律令研究 …… 248, 265
律令格式 …… 193, 364
流行歌 …… 616
柳条湖 …… 576
令旨 …… 328
両親を京都に招く …… 220
両親を東京に招く …… 299
寮生活 …… 637, 643, 644
寮の教育 …… 641
遼東半島 …… 211, 228, 229
療養 …… 305, 309, 310, 320, 321, 349, 431, 482, 552, 560, 590, 591, 597, 598, 602 ,659, 669, 672, 700, 726
料理 …… 599, 689
料理店(料理屋) …… 213, 293, 294, 606
料理人 …… 599, 689
旅館 …… 163, 305, 375, 482, 483, 484, 547, 592, 598, 599, 600, 659, 671, 681
旅順 …… 228, 229, 341, 383
臨終 …… 668, 706, 707, 708
——の部屋 …… 615
倫理学 …… 331, 505, 507, 509, 512, 561, 630, 638, 647

る

累積 …… 37, 382, 469
留守番 …… 199, 297, 600

れ

礼儀作法 …… 433, 501
霊場 …… 566, 663

麗澤館 …… 56, 57, 58, 60, 61, 63, 66, 103, 606, 614, 615, 616, 628, 629, 631, 642, 688, 723
麗澤教育 …… 2, 662
麗澤大学 …… 567, 623
麗澤中学・高等学校 …… 623
麗澤とは …… 628
麗澤瑞浪中学・高等学校 …… 623
麗澤幼稚園 …… 623
霊地、霊場、聖地 …… 663
霊肉併済 …… 658, 661, 665
麗の徳は貞の徳と同一 …… 628
礼拝 …… 539, 630, 642, 652
歴史 …… 2, 59, 66, 118, 124, 125, 126, 128, 130, 132, 135, 138, 139, 142, 164, 165, 167, 171, 172, 173, 177, 181, 191, 192, 205, 206, 215, 217, 240, 287, 289, 332, 448, 470, 487, 502, 637, 648, 683
歴史学 …… 127, 128, 129, 140, 142, 260, 506
歴史教育 …… 125, 165, 331
歴史的変動 …… 32
歴史(の)研究 …… 124, 125, 129, 130, 131, 144, 164, 165, 179, 191
——の特色〔廣池千九郎の〕 …… 130
歴史研究法 …… 135, 173, 331
歴史法学 …… 257
歴代(の)天皇 …… 133, 165, 169, 181, 186, 281, 282, 344, 361, 506
——の事跡 …… 282
レコード …… 539, 540, 541, 542, 596, 615, 616, 648, 728
列強の対立 …… 384

ろ

労資の思想善導 …… 446
労資の対立 …… 444
労資協調会 …… 522, 554, 729
労資協調路線 …… 444
労働運動団体 …… 445
労働組合 …… 444
——期成会 …… 443
労働争議 …… 445
労働問題 …… 446, 448, 459, 465, 534, 535, 536
——・小作争議・国家的公共事業 …… 503
——に関する講演 …… 446
——の新解決法 …… 456
——の道徳的解決 …… 446, 447, 449, 472, 726
——の道徳的解決に関する研究 …… 506
——の頻発 …… 465
——の解決法 …… 454, 554
ロギア …… 479
録音 …… 541
盧溝橋 …… 674
ロシア …… 30, 31, 209, 211, 228, 229, 230, 442, 446, 583
ロシア革命 …… 445, 463
肋間神経痛 …… 395
ロマノフ王朝 …… 463
ロンドン海軍軍縮条約 …… 557
『論文』の改訂 … 506 ➔『道徳科学の論文』の改訂

わ

わが国の独自性 …… 361
わが国固有の大道 …… 360
わが国の危機 …… 583
「我が国体及び国民道徳の淵源本質」 …… 468
わが子を捨てて、世界の人を子とする …… 394
早稲田大学 …… 1, 257, 260, 261, 262, 263, 277, 294, 301, 344, 385, 418, 428, 473
「早稲田大学寄宿舎創設の建議」 …… 335
早稲田大学講義録 …… 274, 277, 725, 726
早稲田大学講師に就任 …… 260, 725, 726
早稲田大学出版部 …… 360
「早稲田大学寮構想」 …… 624
私の霊魂 …… 548
和田奨学会 …… 447
和田書店 …… 213

編著書名索引

あ

『在原業平』…… 288, 289, 725

い

『伊勢神宮』…… 330, 344, 360, 363, 365, 412, 436, 726

『伊勢神宮と我国体』…… 412, 476, 690, 727

『井上頼圀翁小伝』…… 323

『隠居論』第二版 …… 524, 525

『隠者の夕暮』…… 107, 158

え

『英国文明史』…… 127

『易』…… 478, 628

「遠郷僻地夜間学校教育法」(稿本)…… 78, 87, 157

『燕塵』…… 343, 436

お

『大分県共立教育会雑誌』…… 110, 158

『大分県歴史人物辞典』…… 116

『大阪朝日新聞』…… 355

『大阪毎日新聞』…… 170, 355, 569

『岡氏の支那文典』…… 275

『思ひ出』…… 152, 158, 196, 224, 292, 299, 322, 323, 329, 349, 436, 438, 697, 717

か

『回顧録』…… 157, 189, 224, 322, 323, 429, 436, 437, 438

「改正新案小学修身口授書外篇」(稿本)… 103, 158

『改定皇室史』…… 282

『学問のすゝめ』…… 32, 50

『佳人之奇遇』…… 124

『韓詩外伝』…… 300

『勧善訓蒙』…… 96

『観音経』…… 485

『漢文典』…… 274

『漢訳大蔵経』…… 283

き

『旧紀要』…… ➔『道徳科学研究所紀要』

『教育会雑誌』…… 113

『教育時論』…… 170

『京名所写真図絵』…… 188

く

『群書類従』…… 285, 725

け

『京華要誌』…… 185, 188, 725

『経歴』…… 217, 224, 322, 344, 436, 528

『源氏物語』…… 279, 288

『元明史略』…… 50

こ

『広益俗説弁』…… 186

『皇室野史』…… 1, 180, 184, 218, 281, 476, 690

『講習会テキスト』…… 564

『高等女学読本』…… 286, 287, 288, 725

『高等女学読本参考書』…… 286

『孝道の科学的研究』…… 536, 538, 564, 596, 728

『皇統略記』…… 281

『古今集』…… 279

『国学院雑誌』…… 184, 240, 256, 276, 308, 322, 355 ↗『東京国学院雑誌』

『国史大系』…… 285,725

『国史略』…… 50

『国民教育の方針』…… 283

『国民新聞』…… 256, 408

『国民の友』…… 184

『古事記』…… 279, 364, 369, 413, 452

『古事記伝』…… 131, 174

『古事類苑』…… 1, 168, 177, 218, 220, 221, 222, 225, 227, 230, 231, 235, 236, 237, 238, 239, 240, 242, 244, 245, 247, 249, 257, 283, 286, 287, 293, 299, 307, 308, 310, 313, 314, 316, 322, 328, 332, 338, 349, 431, 690, 725, 726

『故唐律疏議』…… 248

『後撰集』…… 279

『子守教育法』…… 78

さ

『三教会同と天理教』…… 385

「蚕業新説製種要論」(稿本)…… 87, 107, 158

し

『史学会雑誌』…… 158

『史学協会雑誌』…… 165

『史学雑誌』…… 256

『史学俗説弁』…… 184, 185, 186

『史学普及雑誌』…… 133, 158, 161, 164, 166, 167, 168, 170, 171, 173, 176, 177, 180, 185, 188, 189, 193, 196, 199, 202, 203, 207, 211, 212, 218, 224, 230, 281, 289, 476, 690, 724

『史記』…… 57

『時事新報』…… 141, 256, 276, 408, 655

『資治通鑑』…… 57

『自助論』…… 118

『斯道』…… 454

『支那語辞典』…… 274

『支那文典』……… 237, 261, 272, 273, 274, 275,276, 277, 322, 348, 488, 652, 725
『支那文典』〔ガベレンツ〕…………………… 274
『下毛郡誌』…………………………… 142, 143, 158
『社会契約論』………………………………… 118
『ジャパン・タイムズ』……………… 683, 684, 730
『拾遺集』……………………………………… 279
「修身口授書外篇」(稿本)
…………➔「改正新案小学修身口授書外篇」
『修身論』 ……………………………………… 96
『十八史略』 …………………………………… 50
『自由論』……………………………………… 118
『荀子』………………………………………… 639
『春秋左氏伝』 ………………………………… 57
『順天時報』…………………………………… 343
『小学修身訓』 ………………………………… 98
『小学修身書』 ………………………………… 98
『小学歴史歌』………………………………… 126
『尚書』 …………………………………… 64, 655
『浄土往生記』……………………………… 521, 528
『浄土三部経』……………………… 207, 283, 316
『女子の友』………………………………… 288, 322
『女流文学叢書』……………………………… 286
『初忘録』…………………………………… 42, 46
『史料大観』…………………………………… 285
『新科学モラロジー及び最高道徳の特質』… 4, 514, 538, 539, 542, 543, 564, 596
『新科学モラロジーを確立するための最初の試みとしての道徳科学の論文』………………… 479
『進化論』……………………………………… 118
『新古今集』…………………………………… 279
『新説日本史談』…………………………… 185, 186
『新潮』(雑誌) ……………………………… 276
『新編小学修身用書』………… 40, 59, 87, 95, 96, 99, 100, 101, 107, 133, 146, 157, 158, 176, 476, 724
『神社崇敬と宗教』…………………………… 432
『神皇正統記』……………………………… 169, 288

せ

『正教新報』………………………………… 320, 323
『性法略』 ……………………………………… 96
『西洋事情』 …………………………………… 32
『説文解字』…………………………………… 274
『戦国策』…………………………………… 57, 58
『扇城遺聞』…………………………………… 143
『善の研究』…………………………………… 455

そ

『孫呉約説』…………………………………… 197

た

『太平記』……………………………………… 288
『大学』 …………………………………… 44, 638
「大清商律注釈」…………………………… 268, 356
『大唐六典』……… 194, 264, 266, 267, 268, 356, 726
『大日本史』………………………… 171, 172, 173

ち

『中外』……………………………………… 476, 527
『中外日報』……………………… 402, 408, 436, 456
『中庸』 …………………………………… 44, 253

つ

『徒然草』……………………………………… 288

て

『丁酉倫理雑誌』……………………………… 355
『天理中学三十年史』……………………… 390, 437

と

『東海新報』…………………………………… 184
『東京朝日新聞』……………………………… 355
『東京国学院雑誌』…………………………… 170
『東京時事新聞』……………………………… 432
『東京評論雑誌』……………………………… 184
『東京読売新聞』……………………………… 184
『道徳科学経済学原論』…………………… 648, 716
『道徳科学研究所紀要』(『旧紀要』)………… 4, 527, 556, 564, 617, 716, 717, 729
『道徳科学の論文』(『論文』)……… 2, 4, 5, 357, 437, 475, 477, 479, 482, 483, 485, 487, 489, 490, 493, 494, 495, 500, 502, 504, 506, 507, 508, 512, 513, 514, 517, 518, 527, 528, 538, 539, 542, 543, 554, 555, 561, 572, 578, 579, 592, 599, 602, 617, 618, 626, 627, 637, 643, 653, 670, 671, 681, 728, 731
『道徳科学要論』……………………………… 476
『童蒙教草』 …………………………………… 96
『東洋法制史序論』………… 237, 252, 255, 256, 264, 267, 322, 476, 488, 652, 726
『東洋法制史本論』…………………… 354, 488, 727
『唐律疏議』………………… 193, 194, 264, 265, 267
『読史余論』………………………………… 169, 172

な

『中津市学校記』 ……………………………… 49
『中津市史』…………………………………… 143
『中津歴史』 ……… 33, 117, 121, 130, 132, 133, 134, 135, 136, 140, 141, 142, 143, 144, 157, 158, 164, 166, 170, 218, 724
『奈良新聞』…………………………………… 408

『南宋本大唐六典校勘記』…………………………266

に

『日記』………………………→『廣池千九郎日記』
『日本』〔新聞〕…………………………………276
『日本開化小史』…………………………128, 166
『日本外史』…………………………65, 66, 172, 173
『日本近世史』……………………………………260
『日本教育史』………………………………240,244
『日本憲法淵源論』…………434, 465, 476, 527, 727
『日本史学新説』……………………184, 185, 240
『日本史学提要』…………………………………129
『日本史綱』………………………………………166
『日本書紀』………………………364, 369, 413, 452
『日本通鑑』………………………………………166
『日本文法てにをはの研究』………………277, 726
『日本文明史』……………………………………128
『二六』〔新聞〕…………………………………276

は

『馬氏文通』………………………………………275
『話』………………………………………………609
『万国地誌略式』…………………………………45

ひ

『廣池千九郎日記』…………4, 5, 45, 51, 84, 91, 105, 157, 158, 188, 310, 316, 322, 334, 375, 392, 393, 398, 400, 436, 437, 447, 458, 482, 512, 514, 527, 540, 547, 563, 591, 604, 617, 618, 654, 666, 704, 716, 717, 731
『貧乏物語』………………………………………444

ふ

『福井新報』………………………………………184
『福島新聞』………………………………………184
『富豪・資本家・会社商店の経営者・重役・高級職員各位并に官憲に稟告』………………448, 727
『豊前志』……………………………………119, 143
『文学概論』………………………………………289
『文明論之概略』…………………………………128

へ

『平安通志』………185, 186, 187, 188, 215,220, 725
『平家物語』………………………………………288

ほ

『法学協会雑誌』…………………………192, 256
『法学志林』………………………………………256
『保元物語』………………………………………169
『報知新聞』…………………………276, 355, 408
『報徳記』…………………………………………414
『法華経』…………………………………………284
『本朝世紀』………………………………………285

ま

『毎日』〔新聞〕…………………………………276
『枕草子』…………………………………………288
『増田宋太郎遺稿』………………………………120
『満州新報』………………………………………343
『万葉集』……………………………………279, 364

み

『道の友』……………………………435, 436, 437
『民家童蒙解』……………………………………96

め

『明治教典』…………………………374, 401, 402

も

『孟子』……………………………………………44

や

『大和新聞』………………………………………408

よ

『幼学綱要』………………………………………98
『ヨーロッパ文明史』……………………………127
『余が天理教に入りし理由』……………………408
『読売新聞』…………………256, 276, 355, 426, 569
『万朝報』……………………………………238, 355

ら

『礼記』……………………………………………586

れ

『歴史美術名勝古跡京都案内記』…………185, 188
『歴代御伝』…………………………………281, 282

ろ

『論語』………………………………………44, 701

わ

『我が国体の精華』………………………………425
『倭漢比較律疏』………193, 194, 264, 268, 356, 726

人名索引

あ

藍原 …… 86
アインシュタイン …… 560
青木 輔清 …… 96
赤坂 清七 …… 533
赤間 信義 …… 683
あき、アキ …… ➔〔廣池〕あき
浅野 聰一郎 …… 534, 535
朝吹 英二 …… 338
姉崎 正治 …… 451
阿部 源三郎 …… 39
阿部 泰蔵 …… 96
阿部 守太郎 …… 39, 40, 163, 170, 207, 208, 292
296, 339, 342, 351, 385, 434, 727
阿部 康治 …… 606, 618
天照大神 …… 60, 242, 344, 361, 369, 405, 407,
412, 413, 452, 457, 466, 504
新井 白石 …… 172, 173, 186, 288
荒木 貞夫 …… 675, 729
荒木田 久老 …… 119
有栖川宮 熾仁 …… 216
在原 業平 …… 289
安 重根 …… 383
安藤 正次 …… 331

い

イエス・キリスト …… 124, 319, 405, 410, 496,
501, 504
猪狩 幸之助 …… 274,275
井口 基二 …… 289
井沢長秀 …… 186
石井 小太郎 …… 233, 248
石川 五右衛門 …… 186
石原 雅二郎 …… 632
市河 三喜 …… 479
一木 喜徳郎 …… 348, 493, 494
一条 実孝 …… 494, 495
市丸 …… 615
逸見 仲三郎 …… 374
井出 静 …… 482, 483, 670
伊藤 仁斎 …… 118
伊藤 東涯 …… 119
伊藤 博文 …… 383
伊藤 本次 …… 306
犬養 毅 …… 584
井上 準之助 …… 459, 564
井上 哲次郎 …… 256, 363, 454
井上 元男 …… 558
井上 頼圀 …… 122, 131, 165, 166, 168, 169, 174,
208, 216, 217, 218, 219, 220, 222, 224, 232, 233,
241, 242, 246, 280, 281, 285, 303, 307, 308, 309,
314, 331, 351, 360, 363, 364, 374, 420, 435, 454,
725, 731
井上 頼寿 …… 420, 438
井上 頼文 …… 217, 331, 420
〔今永〕かつ …… 34, 35
今永 忠三郎 …… 34, 35, 43
今永 半六 …… 34, 35 ➔ 廣池半六
今泉 彦四郎（今泉家）…… 150, 151, 523
色川 国士 …… 308
岩垣 月洲 …… 197
岩久 長吉 …… 46, 47

う

禹 …… 655, 656
ウィルソン …… 462
ウェーバー，アドルフ …… 560
ウェーランド …… 476
上田 万年 …… 256, 275, 331, 351, 424, 454
上田 麑 …… 630
ウェブスター，ダニエル …… 104
魚住 以作 …… 62
浮田 和民 …… 262 ,451
菟狭津彦命 …… 36
牛島 徳次 …… 276
歌子 …… ➔〔穂積〕歌子
内田 銀蔵 …… 257, 260, 339
内田 智雄 …… 4, 266, 267, 355, 356, 436, 467,
488, 527
内田 正敏 …… 457, 459
内村 鑑三 …… 318
宇都宮氏 …… 31
梅 謙次郎 …… 348, 349
梅田 雲浜 …… 197
雲照律師（渡辺雲照）…… 283, 285, 316, 725

え

江藤 新平 …… 33
江見 清風 …… 246, 313, 314, 323
袁世凱 …… 210, 442, 463

お

王陽明 …… 131
大井 憲太郎 …… 118, 120
大石 良雄 …… 186
大岩 元三郎 …… 512, 513, 514, 528
オーエン，ロバート …… 448, 449
大川 平三郎 …… 534, 535, 536
大木 遠吉 …… 453, 457, 458, 459, 460, 534
大国（野々口）隆正 …… 122, 196, 197

大隈 重信 …… 256, 260, 261, 262, 360, 453, 473, 474
大迫 尚道 …… 567, 568, 585
太田垣 蓮月尼 …… 197
大塚 栄吉 …… 536, 567, 660
大塚 善治郎 …… 654, 716
大寺 純蔵 …… 534
大友 宗麟 …… 123
大宮 兵馬 …… 374, 402, 403, 404
岡 三慶 …… 275
小笠原 長次、長勝、長胤 …… 32
岡田 朝太郎 …… 335, 342
岡部 長職 …… 458
岡松〔参太郎〕 …… 385
岡本 吉作 …… 558
小川 含章 …… 1, 53, 56, 57, 58, 59, 60, 102, 122, 164, 217, 272, 628, 629, 731
小川 玄亀 …… 58
小河 滋次郎 …… 342
荻生 徂徠 …… 118
奥平 昌鹿 …… 120
奥平 昌高 …… 89, 120, 123, 125
奥平 昌邁 …… 32, 49, 120, 136
小口 幹夫 …… 596
奥野 義三郎 …… 611
尾崎 一雄 …… 331
尾崎 八束 …… 331
織田 信長 …… 183
織田 信秀 …… 183
落合 直文 …… 303
オットー，ルドルフ …… 424
小野 高謙 …… 634
小幡 篤次郎 …… 32, 48, 49, 120, 140, 141
オルゴット …… 123, 124

か

貝原 益軒 …… 288
香川 景三郎 …… 536, 537, 564, 617, 626, 630
香川 初音 …… 485, 549, 617 ,698, 717
筧 克彦 …… 260, 451
梶 芳助 …… 535, 541, 544
梶原 末太郎 …… 522
春日 潜庵 …… 197
片山 潜 …… 443
勝 海舟 …… 102, 552
勝太郎 …… 615
加藤 玄智 …… 451
加藤 才次郎 …… 233, 248
加藤 弘之 …… 118, 127, 248
金沢 庄三郎 …… 207, 208, 209, 224
金子 堅太郎 …… 454
樺山 資紀 …… 455
ガベレンツ …… 274
鎌田 栄吉 …… 385, 454
賀陽宮 邦憲 …… 328, 436, 686
賀陽宮 恒憲（賀陽宮殿下） …… 673, 677, 683, 686, 687, 689, 690, 691, 700, 702, 717, 730
ガラシャ〔細川〕 …… 123, 137
狩谷 棭斎 …… 239
河合 良成 …… 660
河上 肇 …… 444
川田 剛 …… 232, 233, 248
神田 孟格 …… 96
顔回 …… 344, 651, 652, 729
顔振鴻 …… 651, 652, 654, 655, 729

き

菊池 大麓 …… 259, 451
岸本 …… 455
岸本 源八 …… 147
ギゾー …… 127, 128
喜田 貞吉 …… 455
北川 藤吉 …… 128
木村 泰賢 …… 450
木村 秀子 …… 102
木村 正辞 …… 131, 232
キュリー夫人 …… 560
清浦 奎吾 …… 454
曲亭 馬琴 …… 186
キリスト …… ➔ イエス・キリスト
公池守翁〔宇佐の大宮司〕 …… 36

く

九条道秀 …… 683
楠居 要助 …… 670
久邇宮 朝彦 …… 328
熊谷 三之助 …… 135
熊谷 直一郎 …… 233, 314
久米 邦武 …… 185, 262
久米 幹文 …… 165, 168, 169, 208
倉成 龍渚 …… 119, 125
栗田 寛 …… 131, 169, 232, 285
栗林 誠一 …… 630
黒川 真頼 …… 131, 168, 169, 207, 208, 232, 233, 285
黒田 清輝 …… 459
黒田 孝高 …… 32, 136, 137
黒柳 精一 …… 62
桑原 芳樹 …… 248, 328

こ

小出 綱蔵 …… 306
孔子 …… 64, 98, 124, 253, 254, 282, 344, 478, 501, 504, 651, 652, 653, 654, 655, 729
孔昭潤 …… 651, 652, 653, 654, 655, 729
孔徳成 …… 655
郷 誠之助 …… 660
剛吉 …… ➔〔角〕剛吉
勾践 …… 584
河野 欣三郎 …… 67, 69, 110
弘法大師 …… 285
コーラー，ヨゼフ …… 268
小岸 宇六 …… 41
木檜 三四郎 …… 520, 523, 605
木檜 栄雄 …… 520
古城 三郎 …… 42
小杉 榲邨 …… 285
後醍醐天皇 …… 568
琴子 …… ➔〔阪谷〕琴子
小中村 清矩 …… 131, 232, 248
近衛 家熙 …… 264
是石 辰二郎 …… 69, 110
権田 直助 …… 219
コント，オーギュスト …… 476, 501
近藤 章太郎 …… 147

さ

西園寺 公望 …… 248
西郷 隆盛 …… 33, 102
西郷 従徳 …… 567, 683
西条 八十 …… 552
斎藤 実 …… 536, 567, 584, 585, 586, 587, 588, 617, 632, 675, 678, 679, 680, 681, 728, 729, 730
佐伯 有義 …… 248
嵯峩 正作 …… 116
阪井 重季 …… 457
酒井 忠正 …… 534
〔阪谷〕琴子〔渋沢→阪谷〕 …… 453
阪谷 芳郎 …… 451, 453, 454, 457, 459, 510, 511, 514, 632, 712
坂本 永定 …… 57, 61, 110
佐久間 象山 …… 102
作郎 …… ➔〔廣池〕作郎
佐々木 高行 …… 422, 474
佐々木 勇太郎 …… 533
佐藤 誠慶 …… 239
佐藤 誠実 …… 232, 233, 235, 239, 240, 241, 242, 243, 244, 245, 246, 248, 249, 307, 317, 731
佐藤 寅二 …… 90
鮫島 重雄 …… 453
沢柳 政太郎 …… 454

し

鹿田 静七 …… 193
重野 安繹 …… 129, 142, 168, 169, 185
志田 鉀太郎 …… 342
幣原 喜重郎 …… 464
斯波 淳六郎 …… 402
渋沢 栄一 …… 304, 451, 452, 453, 454, 458
紫明庵主 …… 199
下田 歌子 …… 286, 287
釈迦（釈迦如来） …… 124, 284, 405, 497, 501, 504
朱子 …… 131
シュタンツ …… 106
舜 …… 655, 656
蔣介石 …… 576, 629, 674
聖徳太子 …… 173, 174, 175, 526
ショット，ウイルヘルム …… 274
白石 元治郎 …… 534, 535
白木 茂安 …… 565, 617
白鳥 庫吉 …… 385, 508, 510, 567, 632, 633, 712
白石 照山 …… 119
沈修訂 …… 343
新庄 関衛 …… 90, 93
新城 新蔵 …… 455
秦の始皇帝 …… 58

す

末広 雲華 …… 38
末広対馬守四郎 …… 38
菅沼 嘉七郎 …… 53, 122
杉浦 重剛 …… 166
杉本 徳次郎 …… 681
素戔嗚尊 …… 362, 363, 412, 413
鈴木 貫太郎 …… 495, 535, 581, 583, 729
鈴木 利三郎 …… 478 ➔ 廣池利三郎
スターリン …… 629
スペンサー …… 102
スマイルズ …… 118
角 えい …… 150, 301, 302, 419
角 堅一 …… 154
〔角〕剛吉 …… 150, 296, 298
角 春子 …… 150, 724 ➔ 廣池春子
角 半衛 …… 150
スミス，アダム …… 587, 648

せ

清一 …… 46
清少納言 …… 286
西太后 …… 344

関屋 貞三郎 …… 493
千太郎 …… ➔ 廣池千太郎
仙波 太郎 …… 455

そ

宗 武志 …… 567, 630, 634, 712
荘子 …… 124, 253
副島 義一 …… 459
添田 敬一郎 …… 459
添田 寿一 …… 451, 452
蘇我 馬子 …… 174
十川 栄 …… 613, 716
曽木 円治 …… 83
ソクラテス …… 124, 290, 405, 406, 407, 481, 501, 504
ソノ（その） …… ➔〔廣池〕ソノ
孫文 …… 463, 576

た

ダーウィン …… 118, 313
醍醐天皇 …… 282
平 重盛 …… 183
高木 兼寛 …… 459
高田 早苗 …… 256, 261, 262, 350, 360, 385, 436, 454
高千穂 宣麿 …… 88
高野 房太郎 …… 443
高橋 伊加志 …… 77
高橋 是清 …… 675, 681, 729
高橋 武市 …… 630, 631
高原 美忠 …… 364, 436
高松宮 …… 493
滝川 政次郎 …… 265, 266
田口 卯吉 …… 128, 166
竹内 定吉 …… 306
武信 郡平 …… 39, 40
武信 仲助 …… 39, 40
武吉 賢三郎 …… 86, 87
田中 光顕 …… 248, 282
田中館 愛橘 …… 560
田辺 勝哉 …… 307, 323
田辺 頼真 …… 453
種村 宗八 …… 261
玉井 是博 …… 266
玉崎 虎三 …… 113
段 祺瑞 …… 463
団 琢磨 …… 564

ち

近重 真澄 …… 455
千九一〔廣池千九郎〕 …… 42, 43, 46
千英 …… ➔ 廣池千英
千巻 …… ➔〔廣池〕千巻
長吉 …… ➔〔廣池〕長吉
長吉 …… ➔ 岩久長吉
張学良 …… 557
張作霖 …… 557

つ

津軽 英麿 …… 269
津田 梅子 …… 286
堤 恕作 …… 67
坪井 九馬三 …… 256
坪井 正五郎 …… 258
津山 玄道 …… 450

て

程子 …… 131
デ・ハース …… 683, 684, 730
テミス …… 526
デュルケイム …… 476

と

東郷 平八郎（東郷大将） …… 453, 455, 586
徳川 家康 …… 183, 184
徳川 達孝 …… 457, 534
徳川 光圀 …… 171, 172, 173, 182
床次 竹二郎 …… 384, 451, 459
富岡 謙三 …… 193, 196, 199, 207, 260, 339, 418, 455, 526
富岡 鉄斎 …… 180, 193, 196, 197, 198, 199, 200, 207, 294, 340, 526, 724, 731
戸水 寛人 …… 255, 256
富 …… ➔〔廣池〕富
富田 高慶 …… 414
とよ …… ➔〔廣池〕とよ
豊臣 秀吉 …… 183, 186, 334
鳥瀉 恒吉 …… 62

な

内藤 湖南 …… 260, 339
内藤 耻叟 …… 168, 169, 207, 233
那珂 通世 …… 232, 262
中井 巳治郎 …… 686, 687, 712
中江 兆民 …… 118
中島 久万吉 …… 534
中島 啓介 …… 711
中島 力蔵 …… 451
中田 中 …… 478, 483, 527, 533, 536, 537, 541, 547, 553, 556, 558, 564, 565, 570, 593, 607, 617, 618, 630, 732

中西 牛郎 …… 168
中野 金次郎 …… 489, 491, 492, 534, 535, 567, 660, 683, 712
永松 木長 …… 163, 202, 207
中山管長夫人 …… 433
中山 真之亮 …… 383, 386, 401
中山 みき …… 374, 386
名村 寅雄 …… 533
奈良 武次 …… 495
成田 芳子 …… 343, 344
成瀬 仁蔵 …… 286, 451

に

新島 襄 …… 191
西 周 …… 118, 124, 127
西 幸二郎 …… 146
西川 順土 …… 235, 236, 322
西田 幾多郎 …… 455
西村 茂樹 …… 98, 232, 248
西村 亮吉 …… 110
新渡戸 稲造 …… 454, 462, 507, 508, 509, 557, 558, 559, 560, 561, 728
二宮 尊徳 …… 414

は

馬建忠 …… 275
橋本 ゑん …… 67, 68
畑 英太郎 …… 535
波多野 敬直 …… 453
バックル …… 127, 128
服部 宇之吉 …… 335, 451
服部 てい …… 375,419
鳩山 …… 256
馬場 増美 …… 147
浜尾 新 …… 240
浜口 雄幸 …… 557
浜野 定四郎 …… 49
原 敬 …… 248
原田 熊平 …… 177
春子 …… ➔ 廣池春子
伴 達也 …… 458, 494

ひ

土方 久元 …… 453
一松 又治〔廣池 → 一松〕…… 41, 87, 89, 108, 135, 155, 205, 243, 293, 295, 296, 301
ヒトラー（ヒットラー）…… 667, 676
ヒューム …… 476
平田 篤胤 …… 119, 196, 234, 365
平田 鉄胤 …… 219
平塚 益徳 …… 522
平沼 騏一郎 …… 308
〔廣池〕アキ（あき）…… 41, 296, 419
〔廣池〕作郎 …… 41, 296, 302
廣池 千太郎 …… 35, 522, 704, 705, 717, 728
〔廣池〕ソノ〔夭折〕…… 41
〔廣池〕ソノ（その）〔廣池→山屋〕…… 41, 296
廣池 千英 …… 35, 40, 202, 237, 245, 292, 294, 311, 418, 419, 421, 423, 427, 520, 522, 523, 527, 549, 554, 556, 558, 564, 570, 597, 605, 630, 632, 666, 669, 684, 697, 700, 704, 705, 706, 708, 712, 724, 727, 729
〔廣池〕千巻 …… 294, 302, 338, 339, 393, 394, 418, 421, 423, 431, 520, 727
〔廣池〕長吉〔夭折〕…… 41
〔廣池〕長吉 …… 41, 155, 168, 220, 243, 293, 295, 296, 301
廣池 徳四郎 …… 35, 37, 38
〔廣池〕富 …… 295, 418, 419, 421, 479, 523, 732
〔廣池〕とよ〔廣池→木檜〕…… 294, 418, 419, 421, 520
廣池 春子 …… 141, 149, 151, 152, 153, 154, 155, 162, 164, 196, 198, 202, 203, 204, 221, 237, 245, 256, 292, 294, 296, 297, 298, 299, 301, 309, 312, 313, 322, 323, 329, 338, 349, 351, 353, 386, 418, 419, 421, 422, 423, 425, 426, 427, 428, 429, 430, 431, 432, 433, 438, 520, 523, 528, 602, 603, 694, 695, 696, 697, 698, 699, 706, 707, 714
廣池 半六 …… 31, 34, 35, 36, 37, 38, 39, 42, 43, 48, 51, 53, 62, 63, 146, 154, 296, 419, 520, 521, 723, 727
〔廣池〕又治 …… ➔ 一松又治
廣池 三枝子（三代子）〔梶原→廣池〕…… 522, 727
廣池 りえ …… 31, 37, 39, 40, 302, 522, 723, 726
廣池 利三郎（鈴木利三郎）…… 478, 513, 528, 556, 558, 564, 605, 630, 684, 705, 712
広瀬 淡窓 …… 57

ふ

福沢 諭吉 …… 32, 48, 49, 50, 96, 102, 118, 119, 120, 121, 127, 128, 137, 140, 141, 288, 447, 476
藤田 敬所 …… 119
藤田 安蔵 …… 234
藤原 銀次郎 …… 534, 535
プラトン …… 118, 387
古野 静枝 …… 44, 146
フレーベル …… 91

へ

ベイエ …… 476

ペスタロッチ …… 91, 102, 106, 107, 211, 624
ベルグソン …… 559
ベルンハイム，エルンスト …… 170
ベンサム …… 476

ほ

帆足 万里 …… 53, 57, 58, 102, 119, 120, 275
北条氏 …… 182
星野 恒 …… 185
細川 潤次郎 …… 169, 233, 246, 248, 287, 288
細川 忠興、忠利 …… 32, 137
細川忠興夫人 ガラシャ …… 123
〔穂積〕歌子〔渋沢→穂積〕 …… 452, 526
穂積 重遠 …… 522, 526, 567, 632, 633, 712
穂積 陳重 …… 1, 192, 194, 254, 256, 257, 258, 259, 266, 268, 269, 315, 322, 328, 329, 348, 349, 351, 352, 353, 356, 360, 385, 424, 427, 452, 453, 522, 524, 525, 526, 633, 724, 725, 728
穂積 八束 …… 260, 424
堀 富彦 …… 712
本多二寿亀 …… 601

ま

前野 良沢 …… 120
牧野 英一 …… 260
牧野 伸顕 …… 248, 344, 350, 493
槇村 正直 …… 201
マクレガー …… 560
真崎 甚三郎 …… 675
増川 蛸雄 …… 69, 100, 110
増田 宋太郎 …… 33, 119, 120
又治 …… ➔ 一松又治
松井 茂 …… 455
松浦 香 …… 610, 611, 617, 618
松浦 興祐 …… 608, 610, 630
松浦 利告 …… 610
松岡 義正 …… 342
松方 正義 …… 453, 472, 474, 728
マッコイ，ウェルドン …… 514, 630
松下 九郎 …… 603
松田 源治 …… 632
松平 定信 …… 288, 304
松平 恒雄 …… 493
松村 巖 …… 168
松村 吉太郎 …… 433
松本 愛重 …… 232, 233, 240, 241, 246, 248, 249, 307, 331, 424
松本 初子 …… 377, 380
松山 棟庵 …… 49
松山 廉 …… 492
マホメット …… 124
丸井 …… 565
マレイ，ギルバート …… 560

み

三浦 千畝 …… 248
三浦 梅園 …… 57, 119, 120
三枝子（三代子） …… ➔ 廣池三枝子（三代子）
三上 参次 …… 169, 331
箕作 麟祥 …… 96
光永 リョウ …… 305, 306
三瀦 信三 …… 260
三橋 …… 403
美濃部 達吉 …… 260
三室戸 和光 …… 248
宮川 保全 …… 312
三宅 米吉 …… 129
宮崎 道三郎 …… 268
ミリカン …… 560
ミル，ジョン・スチュアート …… 118, 476
三輪田 真佐子 …… 287, 288

む

ムッソリーニ …… 667, 676
村尾 節三 …… 248, 286
村上 玄水 …… 120
村上 田長 …… 141
村上〔天皇〕 …… 282
紫式部 …… 286

め

明治天皇 …… 424, 425, 473

も

孟子 …… 253, 254, 282
物集 高見 …… 131
本居 豊穎 …… 232
本居 宣長 …… 119, 131, 173, 174, 234, 239
元田 永孚 …… 97
本山 彦一 …… 515, 533, 552, 556, 557, 559
元良 勇次郎 …… 258
物部 守屋 …… 174
森 鷗外 …… 454
森 鹿三 …… 138, 142
森 電三 …… 458
護良親王 …… 186
諸岡 長蔵 …… 489, 490, 513, 527, 528

や

矢島 錦蔵 …… 331

安井 英二……683, 730
安田 尚義……263
八並 甚六……51
梁川 星巌……197
柳原 義光……534
柳家 金語楼……616
矢納 幸吉……375, 376, 377, 379, 435
矢野 浩蔵……609, 618, 717
山県 有朋……453, 455, 472, 474, 727
山川（大山）捨松……102
山科 言縄……207
山田 顕義……216, 280
山田 小太郎……92, 93, 123
山田 長政……186
山梨 半造……458, 459
山本 覚馬……201
山本 志な子……599, 600
山本 信哉……233, 248, 249, 286
山本 晴子……594, 710, 717
山本 万太郎……84
山屋 幸太郎……41

ゆ

湯浅 廉孫……331
湯屋 幸七……45

よ

横井 徳三郎……53
横田 国臣……522
与謝野 晶子……552
吉田 松陰……102
吉田 東伍……262
吉田 藤三郎……388, 437
吉野 作造……445

ら

羅振玉……343
頼 三樹三郎……197
頼山陽……38, 65, 66, 171, 172, 173, 186
ラワリーズ……664

り

李王……493
利光 三津夫……265, 269
劉向……58

る

ルーズベルト，セオドア……229, 629
ルソー……118

れ

冷泉 為紀……207
レヴィ・ブリュール……476

ろ

ロイス……560
老子……124, 253
ローラン，ロマン……560
六角 博通……207
ロック……476

わ

若槻 礼次郎……557, 581, 606, 607, 632, 681, 682, 683, 717, 729, 730
若林 苫蔵……606
鷲津 邦正……615, 618, 662, 664, 716 ,732
和田 嘉六……83
和田 儀一……77, 78
和田 信二郎……233, 286
和田 豊治……447, 459
和田 英松……220, 233, 246
渡辺 玄包……122, 140, 146, 196
渡辺 重兄……168
渡辺 重名……119
渡辺 重春……119
渡辺 千冬……534
渡辺 嘉重……78
渡辺 雲照……➔雲照律師
綿貫 政吉……625, 634

『伝記 廣池千九郎』学習ガイドブック

平成15年3月10日　初版第1刷発行

編集・発行　財団法人 モラロジー研究所
〒277-8654 千葉県柏市光ヶ丘2-1-1
TEL. 04-7173-3155（出版部）

発　　売　学校法人 廣池学園事業部
〒277-8686　千葉県柏市光ヶ丘2-1-1
TEL. 04-7173-3158

印　　刷　横山印刷 株式会社

制作協力　株式会社 エヌ・ワイ・ピー

ISBN4-89639-074-1